Collection

Les essentiels de la civilisation allemande

LE SAINT-EMPIRE

Jean Schillinger
Professeur à l'université de Nancy II

Dans la même collection

Berlin, miroir de l'histoire allemande de 1945 à nos jours par A. Atger et F. Lachaise
100 ans de cinéma allemand par M. Bellan
Histoire constitutionnelle de l'Allemagne par B. Poloni
Histoire de la peinture allemande par F. Serodes
Histoire d'un État disparu : la république démocratique allemande de 1945 à nos jours par F. Lachaise
Le national-socialisme par T. Feral
La république de Weimar par P. Bouchet
Le Saint-Empire par Jean Schillinger
L'unification de l'Allemagne par G. Renaud

ISBN 2-7298-0868-X

© Ellipses Édition Marketing S.A., 2002
32, rue Bargue 75740 Paris cedex 15

Le Code de la propriété intellectuelle n'autorisant, aux termes de l'article L.122-5.2° et 3°a), d'une part, que les « copies ou reproductions strictement réservées à l'usage privé du copiste et non destinées à une utilisation collective », et d'autre part, que les analyses et les courtes citations dans un but d'exemple et d'illustration, « toute représentation ou reproduction intégrale ou partielle faite sans le consentement de l'auteur ou de ses ayants droit ou ayants cause est illicite » (Art. L.122-4).
Cette représentation ou reproduction, par quelque procédé que ce soit constituerait une contrefaçon sanctionnée par les articles L. 335-2 et suivants du Code de la propriété intellectuelle.

www.editions-ellipses.com

TABLE DES MATIÈRES

INTRODUCTION 5

Chapitre I – L'EMPIRE MÉDIÉVAL 9
I. Permanence de l'idée d'Empire pendant le haut Moyen-Âge 9
II. Le couronnement impérial de 962 13
III. L'Empire sous les Ottoniens et les Saliens 22
IV. La querelle des investitures 31
V. Les Hohenstaufen 36

Chapitre II – L'IDÉOLOGIE IMPÉRIALE ENTRE LE MOYEN-ÂGE ET LA RENAISSANCE 47
I. Le schéma universaliste : la théorie des quatre Empires 47
II. Les deux pouvoirs 51
III. L'idée impériale sous les Staufen 54
   A. L'apport du droit romain 54
   B. La sainteté de l'Empire 56
   C. Dimension eschatologique de l'Empire 58
   D. La tradition carolingienne et l'inflexion nationale
      de l'idée impériale 61
   E. Empire romain et royauté allemande 62

Chapitre III – LE SAINT-EMPIRE ENTRE LE GRAND INTERRÈGNE ET L'ÉPOQUE DES RÉFORMES 65
I. Les nouvelles conditions politiques 65
II. Les « élections sautantes » 67
III. Charles IV et la Bulle d'Or de 1356 70
IV. Le développement des territoires 77
V. La réforme de l'Empire 81

A. La Diète d'Empire (*Reichstag*) 83
B. La Chambre de justice d'Empire (*Reichskammergericht*) 85
C. Le Gouvernement d'Empire (*Reichsregiment*) 87
D. Les Cercles d'Empire (*Reichskreise*) 88
E. Bilan de la réforme de l'Empire 90
VI. Les Habsbourg et l'Empire 93
  A. Politique dynastique et ambitions impériales 93
  B. L'idée impériale des Habsbourg 99
VII. L'Empire et la Réforme 103
  A. Luther et l'idée d'Empire 103
  B. La Réforme et la constitution du Saint-Empire 105

Chapitre IV – L'IRRÉVERSIBLE DÉCLIN 109
I. La guerre de Trente Ans et les traités de Westphalie 109
II. La constitution du Saint-Empire après 1648 114
  A. La Diète perpétuelle de Ratisbonne 114
  B. Les Cercles d'Empire 117
  C. La *Reichspublizistik* 121
III. Le Saint-Empire face aux périls extérieurs : l'Empire ottoman
    et la France 123
  A. Le combat contre les Turcs 124
  B. La France et le Saint-Empire 127
IV. Le dualisme austro-prussien 132
  A. Le dilemme de la Maison d'Autriche 132
  B. La Prusse, nouvelle venue parmi les puissances européennes .. 141
  C. La Révolution française et la fin du Saint-Empire 144

CONCLUSION 149

BIBLIOGRAPHIE 153

INTRODUCTION

Pour comprendre un peuple étranger, on ne peut se passer de la connaissance de son vécu historique, des expériences, glorieuses ou douloureuses, dans lesquelles s'est constituée son identité et qui sont susceptibles de se répercuter sur sa manière d'être et sa constitution politique actuelles. Or, en abordant l'étude de l'histoire de l'Allemagne, le Français se voit rapidement plongé dans un univers déroutant, il est confronté à des réalités et des données qu'il a peine à appréhender avec l'outillage conceptuel avec lequel l'a familiarisé l'histoire de son propre pays. Parmi ces sujets d'étonnement, l'institution connue sous le nom complexe et un peu énigmatique de « Saint-Empire romain germanique » n'est pas le moindre. Tout dans cette dénomination est de nature à surprendre, à susciter la curiosité : pourquoi un Empire et non un royaume ? qu'est-ce qui autorisait cet Empire à s'arroger un caractère de sainteté ? comment pouvait-il se dire simultanément romain et germanique ? et pourquoi pas, tout simplement : « Empire allemand » ?

C'est à des questions de cet ordre que cet ouvrage se propose de suggérer des réponses. Mais nombreuses sont les difficultés qui rendent ardue la compréhension du phénomène historique singulier que constitue le Saint-Empire. On ne peut négliger la perspective diachronique et il faudrait montrer les étapes qui ont mené le Saint-Empire du haut Moyen-Âge à l'aube de l'ère industrielle. Mais l'immensité de la période considérée (plus de huit cents ans) interdit, dans la brève synthèse qu'entendent proposer ces pages, d'accorder à l'ensemble des événements ou des personnages, même lorsqu'ils sont de premier plan, la place qui semblerait légitimement leur revenir : il a fallu privilégier certains moments décisifs et ne s'intéresser qu'à quelques personnalités marquantes. Cette nécessaire limitation est partiellement compensée par de succinctes indications bibliographiques renvoyant à des ouvrages plus ambitieux, dont la lecture pourra éclairer des points connexes (qui ne sont pas toujours négligeables) ou satisfaire des curiosités plus exigeantes.

L'un des obstacles auxquels se heurte l'étude du Saint-Empire tient à l'ambivalence de cette réalité, qui a trait fondamentalement à deux niveaux entretenant des relations complexes, parfois contradictoires. Il y a premièrement l'institution, dont les premiers pas furent glorieux, mais qui entra vite en décadence ; le pouvoir impérial, loin de se consolider méthodiquement à l'instar de celui des rois de France, subit un délabrement progressif, parfois enrayé pour quelques décennies, mais manifeste à longue échéance. Au rebours, l'idéologie impériale resta vigoureuse jusqu'au XVIIe siècle et les thuriféraires de l'empereur continuaient de glorifier en lui le souverain universel, celui auquel les rois et les princes devaient révérence et respect, alors même que ses prérogatives politiques étaient régulièrement battues en brèche dans la réalité.

L'histoire allemande du Moyen-Âge et des Temps modernes s'inscrit pour l'essentiel dans ce cadre institutionnel et idéologique parcouru de tensions et de conflits. Mais même le rapport entre le Saint-Empire et l'Allemagne est loin d'être aisé à saisir. Car le Saint-Empire appartient à l'histoire européenne autant qu'allemande. N'oublie-t-on pas trop souvent que les Artésiens, les Franc-Comtois, les Savoyards, les Lorrains et les Alsaciens n'étaient pas sujets du roi François Ier, mais de Charles Quint qui régnait en outre en tant qu'empereur sur l'Allemagne, les Pays-Bas et quelques portions d'Italie, sans parler bien sûr des pays sur lesquels il étendait sa souveraineté en tant que roi d'Espagne ? Mais inversement, la Prusse, pays tôt germanisé et dont on connaît l'importance pour l'histoire allemande, était étrangère au Saint-Empire.

À l'issue de cette synthèse, nous nous interrogerons brièvement sur l'apport historique et civilisationnel du Saint-Empire et nous tenterons de préciser le rôle que jouèrent, dans les deux siècles écoulés depuis 1806, les souvenirs fortement contrastés de cette expérience politique singulière. Les Allemands vécurent avec la mémoire d'époques où des empereurs issus de leur nation marquaient de leur volonté et de leurs aspirations parfois chimériques la vie de l'Europe entière, mais où l'on vit en définitive les rêves de grandeur anéantis par le poids des réalités, les intérêts particuliers et un plus grand pragmatisme politique.

Chapitre I

L'EMPIRE MÉDIÉVAL

I. Permanence de l'idée d'Empire pendant le haut Moyen-Âge

En 395 ap. J.-C., l'empereur Théodose partagea l'Empire romain en deux parties, nommées désormais Empire d'Occident et d'Orient. L'Empire d'Orient, dont la capitale était Byzance (ou Constantinople) perdura jusqu'en 1453, date de la conquête de sa capitale par les Turcs. L'Empire d'Occident s'effondra sous les coups des envahisseurs barbares. En 476, Odoacre destitua le dernier empereur, Romulus Augustule, et envoya les insignes impériaux à Byzance : ce geste signifiait la réunification de l'Empire romain, laquelle ne devint effective que lors des reconquêtes opérées par Justinien entre 553 et 565. Seuls Venise et les régions d'Italie méridionale restèrent dans la dépendance de Byzance.

Sur le plan politique, l'effacement de l'Empire en Occident fut le point final d'une longue période de décadence. Néanmoins, le souvenir de l'Empire resta vivace et alimenta une intense nostalgie qui perdura tout au long du haut Moyen-Âge. La disparition de l'Empire, pensait-on, avait ouvert la porte à des calamités dont les citoyens de l'ancienne Rome avaient été préservés : le désordre, l'injustice et la guerre.

C'est cette nostalgie qui explique, autant que les données politiques, les deux renaissances de l'Empire en Occident : celle de l'an 800 (dont l'artisan fut Charlemagne) et celle de l'an 962 (qui donnera naissance à ce que l'on appellera bien plus tard, à partir de la fin du XVe siècle, le Saint-Empire romain germanique). À partir du Ier siècle av. J.-C., nombreux furent les écrivains, les orateurs et les historiens qui affirmèrent que la vocation de Rome était de soumettre à sa domination l'ensemble du monde connu. On ne retiendra que l'affirmation de Virgile, qui, au début de l'*Énéide*, attribue à Rome par la bouche de Jupiter un Empire illimité, au sens spatial autant que temporel[1]. L'idée d'une communauté de destin pour l'humanité entière, concrétisée dans l'Empire romain, fut sans doute activée par la philosophie stoïcienne. Le stoïcisme, école philosophique née en Grèce au IIIe siècle av. J.-C. et qui trouva ultérieurement une large diffusion dans la Rome impériale, proposait aux hommes une éthique fondée sur l'indifférence vis-à-vis des biens d'ici-bas ; il soulignait l'unicité de l'univers et voyait l'ensemble des choses et des êtres lié par une sympathie universelle. Le stoïcisme était cosmopolite : il considérait que tous les hommes étaient foncièrement égaux et citoyens d'une Cité, le monde. L'unité politique réalisée par l'Empire romain pouvait apparaître comme un mode d'accomplissement de ces aspirations.

Ces représentations se combinèrent avec le christianisme. Le message du christianisme était profondément universaliste. L'Épître de saint Paul aux Galates (3, 28) le proclame : « Il n'y a ni Juif, ni Grec ». Initialement, l'Empire et l'Église furent deux puissances hostiles, mais dès l'époque de Constantin, la christianisation de l'Empire permit l'instauration d'une symbiose, préalable à une fusion toujours plus étroite. L'Église était romaine et catholique, c'est-à-dire universelle, et lorsque l'universalisme politique partit en lambeaux sous les coups des peuplades barbares, il fut relayé par l'universalisme religieux dont le centre de gravité se trouvait lui aussi à Rome. Rome avait perdu sa signification politique au profit de Byzance, mais son prestige restait considérable : elle était la ville des anciens empereurs et du pape, c'est là que saint Pierre et saint Paul avaient subi le martyre, et d'innombrables ouvrages littéraires continuaient de glorifier la *Roma aurea*, maîtresse et reine du monde, mère de toutes les Églises. Les papes perpétuèrent une certaine modalité de l'idée impériale. Dans les années 750-760 fut rédigé un faux qui prit ultérieurement une importance extraordinaire : il s'agit d'un document connu sous le nom de « Donation de Constantin ». Il y est relaté que l'empereur Constantin, atteint de la lèpre, fut miraculeusement guéri par le baptême que lui administra le pape Sylvestre Ier. En signe de reconnaissance, Constantin aurait cédé au pape les insignes du pouvoir impérial ainsi que tous les territoires constituant la partie occidentale de l'Empire, et, par respect, il aurait renoncé à résider à Rome et transféré sa capitale à Byzance. Ce document faisait apparaître le pape comme le détenteur réel

---

1. Virgile, *Énéide*, I, 278.

Chapitre I – L'Empire médiéval

du pouvoir impérial en Occident et permettait de suggérer que l'empereur ne possédait qu'un pouvoir délégué, éventuellement révocable. Il y avait là une nette fixation de l'idée impériale sur le pontife romain[1]. Pour comprendre les conditions qui rendirent possible le couronnement impérial de l'an 962, il faut tenir compte d'un trait caractéristique de la mentalité médiévale : le souhait que l'avenir fasse retour sur le passé et apporte la restauration d'un état antérieur toujours jugé meilleur. Ici aussi, l'autorité de Virgile était considérable : sa célèbre IVe Églogue annonçait le retour de l'âge d'or, celui de Saturne et de la Vierge Astrée. Nombreux étaient ceux qui jugeaient que la régénération de l'Empire à Rome était dans l'ordre des choses.

Une première restauration avait eu lieu en l'an 800, lorsque le pape Léon III posa (peut-être par surprise) la couronne impériale sur la tête du roi des Francs, qui entra dans l'histoire sous le nom de Charlemagne. Cette restauration, ses causes et ses effets méritent un bref examen. Charles, fils de Pépin le Bref, devint roi des Francs en 768. À la mort de son frère Carloman (771), il s'appropria l'héritage de celui-ci, qu'il réunit à son propre royaume : il régnait alors sur un vaste territoire s'étendant des Pyrénées à la Frise et de l'embouchure de la Loire à la Thuringe. En 774, Charlemagne ceignit la couronne du royaume lombard. Les succès remportés par les Francs contre les Saxons, les Sarrasins et les Avars permirent de défendre et d'étendre le christianisme. Avant l'an 800, Charlemagne occupait déjà une position éminente dans la chrétienté occidentale : il avait réuni sous sa domination une partie importante des territoires qui avaient constitué l'Empire d'Occident, son œuvre administrative était considérable et les fruits qu'elle portait rappelaient ceux que la mémoire attribuait à l'ancienne Rome. Mais cette domination se singularisait par son caractère chrétien. Nombreux étaient ceux qui voyaient en Charlemagne le continuateur de l'empereur chrétien Constantin, voire des rois juifs de l'Ancien Testament. Charlemagne était d'une piété profonde ; le but de sa monarchie était la mise en place d'une civilisation chrétienne, qui devait faire de ses sujets, si divers du point de vue ethnique et culturel, un seul peuple chrétien[2]. Le pape Léon III, confronté à une insurrection des Romains, appela le roi des Francs à l'aide. Pour la cinquième fois,

---

1. Robert Folz, *L'idée d'Empire en Occident du Ve au XIVe siècle*, Paris : Aubier, 1953, p. 21.
2. Robert Folz, *Le couronnement impérial de Charlemagne*, Paris : Gallimard, 1989, p. 75.

Charlemagne traversa les Alpes et ramena le calme. Dans la basilique Saint-Pierre, Léon III le couronna empereur lors de la messe de Noël, le 25 décembre 800. Ce geste était un aboutissement, sanctionnant un état de fait ; mais la dignité conférée ainsi à Charlemagne n'était rien moins que nettement définie. Léon III et les Romains qui acclamèrent le roi des Francs pensaient assister à la restauration de l'Empire des Romains. Charlemagne et son entourage étaient d'un avis différent : ils ne voulaient pas lier l'Empire aux Romains qui auraient ainsi pris le pas sur les Francs et les Lombards et surtout, ils tenaient à ménager les susceptibilités de Byzance : le *basileus* se considérait comme seul empereur légitime et conservait le titre d'« empereur des Romains », affirmation de prétentions universalistes que la situation politique ne lui permettait provisoirement pas de concrétiser. Pendant les quatorze dernières années du règne de Charlemagne, le caractère « romain » de l'Empire institué en l'an 800 s'effaça progressivement, alors que s'affirmaient deux autres traits : cet Empire était « franc » et « chrétien ». Charlemagne élimina le rôle du pape en tant qu'instance de transmission de la dignité impériale : en 813, il procéda lui-même au couronnement de son fils, Louis le Pieux. Ce dernier ne se rendit jamais à Rome et couronna lui-même empereur son fils aîné Lothaire Ier en 817. Mais la faiblesse politique de Louis le Pieux le contraignit à infléchir sa position : en 823, il envoya son fils à Rome pour que le pape renouvelât le couronnement. Cet acte revenait à rendre au pape la prérogative dont Charlemagne l'avait privé. L'Empire carolingien, tant que Charlemagne en dirigea les destinées, fut une construction majestueuse ; sous ses faibles successeurs, son déclin fut rapide. Une circonstance notamment eut une influence funeste : l'habitude de partager les royaumes entre les fils du souverain défunt. C'est ainsi qu'au traité de Verdun (843), le territoire de l'Empire fut partagé en trois royaumes : une « Francie occidentale » dont hérita Charles le Chauve, une « Francie médiane » qui revint à Lothaire, qui devait initialement hériter de l'ensemble des possessions carolingiennes, et une « Francie orientale » sur laquelle régna Louis le Germanique. Lothaire devint empereur ; après sa mort, son royaume fut à son tour partagé à plusieurs reprises, le titre impérial tomba entre les mains de roitelets italiens ; en 924, il ne se trouva plus aucun souverain pour le revendiquer.

II. Le couronnement impérial de 962

En 911 mourut Louis l'Enfant, le dernier roi carolingien de Francie orientale. Pour le remplacer, les Grands du royaume élurent l'un des leurs, Conrad, duc de Franconie. Cette décision marquait une rupture. Alors qu'en Francie occidentale, des Carolingiens régnèrent jusqu'en 987 (avec des interruptions, il est vrai), la Francie orientale se choisit un souverain étranger à la dynastie qui avait mené le royaume franc à son plus haut degré de puissance. La Lorraine (en fait, la partie septentrionale de l'ancienne Francie médiane), terre de fidélité carolingienne, se détacha alors de la Francie orientale pour entrer, très provisoirement, dans l'orbite du royaume de l'Ouest. Le règne de Conrad Ier fut difficile, le roi se révélant incapable de repousser les Hongrois et de faire pièce au pouvoir des ducs. Depuis la fin du IXe siècle, les attaques des Hongrois, peuple originaire de la steppe asiatique, terrorisaient l'Europe occidentale, et notamment les territoires entre Rhin et Danube. Les derniers Carolingiens avaient été impuissants à les repousser. L'anarchie régnant à la fin du IXe et au début du Xe siècle explique la reconstitution d'unités territoriales connues sous le nom de « duchés ethniques » (*Stammesherzogtümer*) : la Saxe, la Franconie, la Souabe et la Bavière. Ultérieurement, la Lorraine constituera un cinquième duché. Les ducs profitèrent des attaques des Hongrois pour renforcer leur propre pouvoir et brisèrent les tentatives de Conrad Ier en vue de restaurer l'autorité royale. Peu avant sa mort (919), Conrad fit parvenir au plus puissant de ses adversaires, Henri, duc de Saxe, les insignes du pouvoir royal, le désignant ainsi comme son successeur. Henri Ier, roi de Francie orientale devait être le fondateur de la dynastie connue sous le nom de « saxonne » ou « ottonienne ».

Avec l'accession au trône d'Henri Ier, on voit se dessiner certains traits qui devaient déterminer de manière durable la monarchie en Francie orientale, puis en Allemagne : le roi tenait son pouvoir d'un accord entre les chefs des duchés ethniques, et cette royauté, en dépit des efforts de maints souverains pour établir l'hérédité de la succession, restera élective jusqu'à la fin du Saint-Empire. À la vérité, le terme d'élection manque de précision pour désigner une procédure complexe, composée de quatre phases : la désignation, l'élection, l'intronisation et la chevauchée dans le royaume (*Umritt*). Pendant le règne des souverains des trois premières dynasties, d'ailleurs apparentées entre elles, le rôle de la désignation (généralement du fils par le père) sera prédominant ; mais après 1250, l'élection fera un retour en force et on verra même les électeurs s'appliquer à changer de dynastie à chaque début de règne. L'accession d'un duc de Saxe à la royauté en Francie orientale marquait une nouvelle rupture. Son prédécesseur n'était certes déjà plus un Carolingien, mais il était franc et duc de Franconie. Henri était saxon et appartenait donc au peuple qui avait été vaincu et converti par Charlemagne au terme de plusieurs guerres cruelles. En un peu plus d'un siècle, les vaincus avaient accédé au pouvoir et les souverains saxons firent preuve d'une remarquable capacité d'adaptation à la tradition franque et carolingienne. Saxon, Henri Ier ne s'en référa qu'avec plus de soin à la tradition franque ; il est vrai que cette tradition était, à l'époque, un mode éminent de légitimation de l'exercice du pouvoir royal dans l'ancien royaume franc. L'un des objectifs d'Henri Ier fut la reconnaissance de son pouvoir par le Carolingien de l'Ouest. En novembre 921, Charles III (dit « le Simple ») lui reconnut le titre de « roi des Francs orientaux » et prit lui-même celui de « roi des Francs occidentaux ». Ceci maintenait avec peine la fiction de l'unicité du royaume des Francs[1].

Instruit par les échecs et les humiliations subis par Conrad Ier, Henri Ier évita tout ce qui pouvait heurter la susceptibilité des Grands du royaume ; il ne voulait être qu'un *primus inter pares*. Un geste significatif fut sa renonciation au sacre. Les agressions hongroises n'avaient pas cessé, mais Henri Ier sut prendre des mesures habiles. En 926, il signa une trêve de neuf ans, qui l'obligeait au paiement d'un tribut. Le temps gagné fut mis à profit pour préparer une défense efficace. Après sept ans, Henri Ier dénonça le traité et infligea aux Hongrois une défaite sur l'Unstrut (933) : son prestige personnel en fut fortement accru, même si la portée militaire de cette victoire fut sans doute exagérée ultérieurement.

Un autre succès majeur avait été remporté en 925 lorsque Henri Ier réussit à ramener la Lorraine dans l'orbite de la Francie orientale. Ce succès avait une double conséquence. D'une part, il repoussait la frontière du royaume oriental vers l'Ouest : la séparation entre les deux parties du royaume franc se situait désormais approximativement sur la Meuse et l'Escaut ; dans cette aire, la limite entre la France et le Saint-Empire restera stable jusqu'au XIVe siècle. Le gain territorial était doublé d'un profit poli-

---

1. Joachim Ehlers, *Die Entstehung des deutschen Reiches*, München : Oldenburg, 1994, p. 17-18.

tique et symbolique majeur : la Lorraine (beaucoup plus étendue que la Lorraine actuelle) apportait à la Francie orientale la ville d'Aix-la-Chapelle, l'ancienne capitale de Charlemagne, lieu de la sépulture du grand empereur. Un signe éclatant de la réussite d'Henri Ier apparut dans la manière dont il régla sa succession : il désigna pour successeur son fils aîné Otton qui accéda au pouvoir après sa mort (936). Le choix d'un successeur unique marquait la renonciation à la coutume carolingienne de partage du royaume entre les héritiers mâles. Cette renonciation témoigne du regard nouveau porté sur un royaume, qui cessait d'être envisagé comme un patrimoine privé pour devenir une entité indivisible.

Dès son accession au pouvoir, Otton signala son intention de rompre avec les méthodes de gouvernement pratiquées par son père. Il se fit couronner et sacrer à Aix-la-Chapelle, marquant ainsi sa volonté de se rattacher à la tradition carolingienne. Henri Ier avait fait preuve de souplesse dans ses relations avec les ducs : son fils ne recula pas devant les conflits. Les ducs n'étaient à ses yeux que les représentants du pouvoir royal, d'essence supérieure. Otton Ier destitua ceux qui lui résistaient et les remplaça fréquemment par des membres de sa famille. Mais cette mesure, destinée à assurer la docilité des ducs, se révéla largement inefficace : les parents du roi, à commencer par son frère cadet, n'hésitaient pas à trahir ni à comploter. En 953, une grande révolte menée par le fils et le gendre d'Otton échoua de peu. Cela amena Otton à appuyer plus fortement son pouvoir politique sur l'Église, par le biais du système de l'« Église d'Empire » (*Reichskirchensystem*). Ce système, que ses successeurs perfectionnèrent, permettait de confier des tâches politiques et administratives à de hauts dignitaires ecclésiastiques. L'exemple le plus marquant fut d'ailleurs donné par le propre frère du roi, Brunon, archevêque de Cologne, qu'Otton fit duc de Lorraine après la révolte de 953. Otton et ses successeurs accordèrent des diplômes d'immunité à des évêques et à des abbés, qui étaient ainsi soustraits à l'autorité des laïcs et placés sous le contrôle immédiat du roi ; des droits régaliens (droit de battre monnaie et d'instituer des marchés, droit d'établir des péages et d'exploiter les ressources forestières) et des fonctions comtales leur furent transférés : à ce titre, ils avaient des attributions judiciaires, ils veillaient à l'exécution des ordres royaux, percevaient les impôts et levaient des contingents militaires[1]. Les avantages que le pouvoir royal retirait de ce système étaient considérables : l'Église lui fournit des serviteurs fidèles et compétents ; les droits et les biens conférés aux ecclésiastiques revenaient au roi après la mort de ceux-ci ; enfin, le roi était le principal bénéficiaire de la richesse de l'Église dont il tirait des revenus conséquents et un soutien important lors d'opérations militaires. Les hauts dignitaires ecclésiastiques entrèrent dans la vassalité du roi qui leur remettait, lors de l'investiture, la crosse et (à partir du règne d'Henri III) l'anneau, qui symbolisaient leurs tâches pastorales. L'investiture par le roi ne distinguait guère entre le temporel que les prélats auraient à administrer en tant que hauts dignitaires de l'État et la fonction spirituelle. En outre, comme le roi avait un intérêt évident à ce que le nouvel évêque (ou le nouvel abbé) fût à la fois compétent et fidèle, il procédait lui-même aux nominations, au mépris du droit canon qui prévoyait des élections. Fréquemment, les candidats étaient choisis dans la chapelle royale, qui servait d'ailleurs aussi de chancellerie (c'est l'une des raisons pour lesquelles l'archichancelier de l'Empire restera un ecclésiastique, l'archevêque de Mayence). L'Église était le fondement le plus solide de l'État dans le royaume de Francie orientale. La volonté de pérenniser cette situation n'a sans doute pas été sans répercussions sur cette donnée majeure de la politique d'Otton Ier et de ses successeurs que sera l'implication dans les affaires italiennes. Car le contrôle exercé sur la *Reichskirche* posait la question des relations entre le roi de Francie orientale et le pape : Otton Ier a vu le problème et l'a résolu en s'assurant une influence déterminante sur la désignation des souverains pontifes. Mais celui qui voulait exercer ce pouvoir devait soumettre Rome et s'assurer la dignité de patrice des Romains ou, mieux encore, celle d'empereur[2]. Le système de l'« Église d'Empire » ne pouvait fonctionner que tant que Rome acceptait que le roi nommât ses fidèles à la tête des évêchés ou des abbayes : un changement d'attitude de la papauté en cette matière devait mener, un siècle plus tard, à une crise majeure.

En 954, profitant des démêlés d'Otton avec les ducs révoltés, les Hongrois reprirent leurs attaques, qu'ils portèrent jusqu'aux Pays-Bas, en

---

1. Jean-François Noël, *Histoire du peuple allemand des origines à la paix de Westphalie*, Paris : PUF, 1975, p. 57.
2. Hans Boldt, *Deutsche Verfassungsgeschichte*, t. 1 (Von den Anfängen bis zum Ende des älteren deutschen Reiches 1806), München : dtv, 3e édition, 1994, p. 107.

Lorraine et en Italie. L'année suivante, ils se remirent en campagne, mais furent retenus par la résistance d'Augsbourg. C'est près de cette ville, au Lechfeld, qu'Otton, à la tête de contingents venus de tout le royaume, leur infligea une défaite retentissante le 10 août 955. Cette victoire affermit considérablement la position politique d'Otton qui avait su faire l'union autour de sa personne ; les ducs révoltés, par contre, furent discrédités par les contacts qu'ils avaient entretenus avec les agresseurs. Et, devant l'Europe entière, le roi de Francie orientale apparaissait désormais comme un protecteur efficace face à un péril que nul avant lui n'avait su vaincre. À l'issue de la bataille du Lechfeld, Otton fut qualifié d'*Imperator* par ses soldats, qui renouvelaient ainsi l'acclamation que les armées romaines réservaient aux généraux vainqueurs. Après 955, Otton occupa une position quasi impériale. On a parlé d'une « monarchie impériale » pour indiquer la prééminence qu'il exerçait dès ce moment sur les autres rois[1].

La politique extérieure d'Otton fut placée sous un double signe : l'extension du royaume et la diffusion du christianisme. Otton manifestait ainsi sa fidélité à l'exemple donné par Charlemagne. Au Nord, il encouragea les missions et fonda les évêchés d'Aarhus, Schleswig et Riebe, suffragants de l'archevêché de Brême. Les populations slaves dans les territoires situés entre l'Elbe et l'Oder furent réintégrées au royaume dont elles s'étaient détachées en profitant de la faiblesse politique des Carolingiens. Pour protéger ces secteurs, deux marches furent créées : l'une fut confiée à Hermann Billung, l'autre au margrave Gero. Ces marches devinrent ultérieurement le point de départ d'expéditions militaires visant à soumettre les populations slaves. Mais parallèlement aux entreprises militaires, Otton fit de l'évangélisation des Slaves un objectif majeur. En 937, il fonda à Magdebourg un monastère dédié à saint Maurice : ce monastère devait devenir un point de diffusion du christianisme en pays slave. Magdebourg devint le siège d'un archevêché en 968. Les trois évêchés de Brandebourg, Havelberg et Oldenburg (suffragants de Mayence) furent créés en 948.

La politique italienne d'Otton Ier mérite un intérêt particulier dans la mesure où elle déboucha sur le couronnement du 2 février 962. C'est à partir de 950-951 qu'Otton Ier commença à intervenir dans les affaires

---

1. Carlrichard Brühl, *Naissance de deux peuples. « Français » et « Allemands ». IXe-XIe siècles*, trad. par G. Duchet-Suchaux, Paris : Fayard, 1994, p. 236.

politiques italiennes, lesquelles étaient d'ailleurs particulièrement embrouillées[1]. Précisons que l'intervention du roi, outre ses fins propres, visait aussi à contrer la politique des ducs de Souabe et de Bavière, qui tentaient de satisfaire leurs appétits territoriaux outre-Alpes. Or la constitution d'un royaume italo-bavarois aurait été très préjudiciable à l'unité du royaume de Francie orientale. Il n'est d'ailleurs pas exclu qu'Henri Ier ait déjà songé, pour ces mêmes raisons, à intervenir au sud des Alpes[2]. En 950, au terme de maintes péripéties, Bérenger d'Ivrée réussit à se faire couronner roi d'Italie, associant tout de suite son fils Adalbert au pouvoir. Bérenger entendait étendre son pouvoir au royaume de Bourgogne, qui était vassal de la Francie orientale, et, à cette fin, après la mort du roi de Bourgogne, il s'empara de la personne de sa veuve, Adélaïde : Bérenger d'Ivrée pensait qu'un mariage avec Adélaïde lui permettrait d'accéder au trône de Bourgogne. Ce projet était inacceptable pour Otton Ier qui intervint militairement en Italie du nord. Il s'empara de Pavie (septembre 951), épousa Adélaïde de Bourgogne et prit le titre de « roi des Francs et des Lombards » ou de « roi des Francs et des Italiens ». Otton envoya une ambassade à Rome, et demanda au pape de le recevoir : le roi voulut sans aucun doute alors négocier un couronnement impérial, mais la demande échoua. Otton quitta l'Italie, laissant derrière lui son gendre Conrad, duc de Lorraine, chargé de négocier avec Bérenger d'Ivrée. Un accord fut trouvé, aux termes duquel Bérenger fit hommage à Otton Ier, qui lui accorda l'investiture de l'Italie. On pense que la mansuétude d'Otton fut dictée par les inquiétudes que lui inspirait la situation intérieure de son royaume où se dessinait déjà la révolte qui allait éclater en 953. Pendant près d'une décennie, Otton ne remit pas les pieds en Italie. Son retour, à l'automne 961, fut de nouveau la conséquence des agissements de Bérenger d'Ivrée et de son fils. Se sentant menacé, le pape Jean XII invita Otton à venir défendre l'Église romaine en lui promettant la couronne impériale pour prix de ses services. Avant de repasser les Alpes, Otton assura sa succession : il fit élire et couronner son fils homonyme à Worms et Aix-la-Chapelle. Puis il se mit en route : à la fin du mois de janvier 962, ses troupes campaient sous les murs de Rome : le 2 février, à Saint-Pierre,

---

1. *Ibid.*, p. 234.
2. Robert Folz, *La naissance du Saint-Empire*, Paris : Albin Michel, 1967, p. 92.

Chapitre I – L'Empire médiéval 19

Jean XII couronna Otton Ier empereur. L'Empire renaissait après une éclipse de trente-huit ans.

Il est essentiel de tenter de comprendre ce que signifiait, pour son récipiendaire, cette éminente dignité et selon quels principes elle fut exercée. À l'occasion de son couronnement, Otton fit graver un sceau qui le désignait comme *Imperator Augustus*. On remarque la renonciation à toute référence à Rome, et celle-ci resta exceptionnelle pendant le règne d'Otton Ier qui soulignait volontiers la tradition carolingienne dans laquelle se plaçait sa domination et n'entendait pas faire perdre à son royaume son identité dans le lustre de la tradition romaine. Néanmoins, comme le rappelle J.-F. Noël, l'avenir devait ouvrir la voie à une orientation différente, marquée par la référence spontanée à Rome de toute tentative d'harmonisation de l'Occident[1].

Le couronnement impérial de 962 devait relancer le conflit avec Byzance. Otton s'efforça de faire reconnaître son titre et d'obtenir la main d'une princesse byzantine pour son fils et héritier, ce qui revenait à une reconnaissance de fait. L'empereur d'Orient Nicéphore Phocas se montra intraitable. Ce n'est qu'après le renversement de celui-ci et l'accession au trône de Jean Tzimiscès (969) que les négociations aboutirent. Le 14 avril 972, l'héritier du trône épousa la princesse Théophano.

Un aspect essentiel de la politique d'Otton Ier concerne ses relations avec la papauté. Après son couronnement, Otton accorda à l'Église romaine un privilège connu sous le nom d'*Ottonianum*. Ce privilège faisait suite à ceux que les souverains carolingiens avaient établis à leur avènement. L'*Ottonianum* confirmait à la papauté ses possessions territoriales, mais remit aussi en vigueur des prescriptions selon lesquelles un pape ne serait consacré qu'après avoir prêté serment à l'empereur ou à son représentant. En 963, Otton fit jurer aux Romains de n'élire à l'avenir aucun pontife sans son consentement. De manière très nette, le contrôle de l'empereur sur l'institution pontificale était affirmé. D'ailleurs, la même année, Otton réunit et présida un synode qui condamna et destitua le pape Jean XII, dont les mœurs étaient notoirement scandaleuses. Entre les deux pouvoirs qui allaient bientôt s'affronter, la balance pesait nettement du côté de l'empereur. Néanmoins, un fait était désormais acquis : Charlemagne avait pu couronner lui-même son fils, ce qui laissait entre-

---

1. Jean-François Noël, *Histoire du peuple allemand*, op. cit., p. 84.

voir la possibilité d'une institution impériale détachée de Rome ; la réinstitution de la dignité impériale en 962, puis le couronnement d'Otton II, le jour de Noël 967, garantissaient au pape un rôle déterminant dans la création de l'empereur. Le pape conservait ainsi une prérogative acquise à l'époque du déclin de l'Empire carolingien et que Charlemagne lui-même n'avait pas voulu lui conférer. Il en découlait un facteur qui exerça une influence considérable sur le devenir de l'Empire. Celui-ci resta lié à Rome, et, dans ces conditions, il eût été normal que l'empereur fît de la Ville éternelle sa capitale. Seul Otton III tenta de réaliser ce projet, et sa tentative se solda par un échec. À Rome, l'empereur rencontrait un pouvoir concurrent, et il s'avéra bientôt que ce dernier disposait de conditions très favorables. L'empereur était dès l'origine en position de faiblesse face au pape, puisque ses séjours à Rome ne pouvaient être qu'intermittents ; il y avait là à l'évidence une différence majeure par rapport à la situation de l'empereur d'Orient, qui régnait à Constantinople et exerçait sur le patriarche de cette ville une domination très marquée[1].

Le couronnement à Rome ne donnait au roi de Francie orientale aucun pouvoir politique supplémentaire : la spécificité du pouvoir impérial reposait essentiellement dans sa dimension religieuse. Depuis l'époque franque, l'empereur exerçait l'« avouerie » de l'Église romaine : avant le couronnement, il prêtait serment de la protéger (pour l'instant cette protection visait surtout les Sarrasins, ultérieurement elle concernera les Normands) et de défendre ses intérêts. Avant la querelle des investitures, il était admis que la protection impliquait une forme de contrôle de la papauté par l'empereur, responsable du bon ordre des affaires italiennes. Cette mission religieuse était d'ailleurs au centre de l'universalisme impérial : l'Église étant catholique, c'est-à-dire universelle, l'action de son protecteur s'étendait à l'univers entier. Comme le fait observer Francis Rapp, la protection d'une institution universelle, l'Église catholique (c'est-à-dire universelle) amène à s'acquitter d'une mission universelle[2]. Le titre impérial n'apportait certes pas un surcroît immédiat de puissance politique, mais il conférait un prestige considérable, qui s'exerçait en politique intérieure (vis-à-vis des chefs des duchés ethniques, plus tard des princes

---

1. Karl Ferdinand Werner, *Vom Frankenreich zur Entfaltung Deutschlands und Frankreichs*, Sigmaringen : J. Thorbecke, 1984, p. 333.
2. Francis Rapp, *Le Saint Empire romain germanique d'Otton le Grand à Charles Quint*, Paris : Tallandier, 2000, p. 123.

d'Empire) et extérieure (vis-à-vis des rois, jaloux de leur autorité propre, mais qui reconnurent toujours à l'empereur une forme de préséance). Enfin, les souverains allemands qui furent couronnés empereurs y gagnaient un avantage non négligeable : il était acquis que seul un empereur pouvait demander aux princes de procéder à l'élection de son successeur (généralement de son fils), désigné ensuite par le titre de « roi des Romains ». De cette manière, le couronnement par le pape fut un puissant facteur de continuité dynastique.

Dès l'époque d'Otton Ier, se pose l'un des problèmes majeurs, qui traversera l'histoire du Saint-Empire jusqu'à sa disparition en 1806 : la relation entre les deux entités politiques que sont (pour utiliser les termes latins en usage à l'époque) le *regnum* et l'*imperium*. La distinction était ancienne et datait des premiers siècles de l'ère chrétienne, plus exactement de la période des « invasions barbares ». À Rome, la notion d'*imperium* désignait initialement un pouvoir d'essence supérieure détenu par des magistrats hors de Rome ; ce pouvoir comportait des attributions administratives et militaires ; le général victorieux était acclamé comme *imperator* par ses troupes, mais il ne devenait souverain de l'Empire qu'après une élection par le Sénat ; et l'*imperium* finit par désigner l'ensemble des territoires soumis à Rome. Les invasions barbares amenèrent à la constitution, sur le territoire de l'*imperium* de dominations plus restreintes, les *regna* (royaumes). Les souverains de ces royaumes reconnaissaient en principe l'autorité supérieure de l'empereur. Les pouvoirs respectifs étaient délimités en fonction de l'opposition entre l'*auctoritas* et la *potestas*. L'*auctoritas*, qui appartenait à l'empereur, consistait en une supériorité morale, s'imposant à tous, alors que la *potestas*, détenue par les rois, désignait le pouvoir public s'exerçant par des moyens légaux[1]. Ajoutons qu'en principe il n'y avait qu'un *imperium*, mais que le nombre des *regna* n'était finalement limité que par les contingences politiques et géographiques. Par le couronnement du 2 février 962, Otton Ier accéda à l'*imperium*. Cette élévation, source d'un prestige immense, ne lui apportait nul pouvoir politique. Son pouvoir, Otton le tirait de son royaume de Francie orientale, entité qui deviendrait un jour le « royaume d'Allemagne » : il y régnait depuis 936 et avait obtenu la couronne italienne, par conquête, dès 951.

---

1. R. Folz, *L'idée d'Empire, op. cit.*, p. 14-15.

Trois séries de problèmes se posaient d'ores et déjà. La première concerne les relations entre l'*imperium* et le royaume de Francie orientale, puis d'Allemagne. En principe, il s'agissait de deux entités distinctes, mais, nous le verrons, la différenciation ne sera pas aisée à maintenir et la terminologie apportera maint témoignage des multiples confusions qui s'opéreront. La seconde concerne les relations entre l'*imperium* et les *regna* autres que celui des Francs orientaux. L'*imperium*, en se distinguant des *regna*, affirmait sa supériorité, mais celle-ci ne fut, par exemple, jamais reconnue par les rois de France, qui s'affirmèrent d'ailleurs, à partir de Philippe le Bel, « empereurs en leur royaume ». Enfin, des problèmes, déjà brièvement évoqués, devaient se poser lorsque deux entités se désignaient chacune comme *imperium*. Or il existait déjà un Empire dont la capitale était Byzance, et qui pouvait se réclamer d'une tradition impériale ininterrompue depuis le IVe siècle après J.-C. Le couronnement d'Otton Ier, après celui de Charlemagne, instituait un deuxième pouvoir impérial, qui devrait affirmer, contre Byzance, sa légitimité.

Pour une large part, la dimension lexicale du problème est propre aux langues romanes, héritières dans leur vocabulaire de l'opposition latine entre *imperium* et *regnum*. L'allemand (et il sera question ici essentiellement de l'espace germanique) dispose de l'unique terme de *Reich*, éventuellement spécifiable en *Königreich* ou *Kaiserreich*. Un dictionnaire donne de *Reich* la définition suivante : espace de domination d'un roi, d'un empereur etc. s'étendant généralement sur plusieurs ethnies ou plusieurs peuples[1].

III. L'Empire sous les Ottoniens et les Saliens

Otton Ier ne lia la dignité impériale à nulle revendication universaliste. Sa conception de l'Empire était essentiellement franque. On peut expliquer cette attitude par la personnalité et la formation de l'empereur, qui était un Germain largement étranger à l'héritage culturel romain ; mais on y verra aussi la marque du réalisme politique, la fidélité à la tradition carolingienne et la volonté de ne pas heurter de front l'empereur d'Orient, source de légitimité impériale dont on sollicitait l'alliance et la reconnaissance. La renonciation à l'universalisme posait le problème de la base ter-

---

[1]. *Deutsches Universalwörterbuch*, Mannheim-Wien-Zürich : Duden, 1989, p. 1233.

ritoriale de l'Empire nouvellement créé, problème qui trouva une solution dans la constitution d'une vaste aire de souveraineté incluant trois royaumes : celui de Francie orientale et deux royaumes nés du démembrement de l'ancienne Francie médiane : l'Italie et la Bourgogne.

En 936, Otton (bien que Saxon) avait été couronné (et sacré) roi des Francs. Son royaume correspondait approximativement à la partie orientale de l'Empire de Charlemagne et les historiens le désignent par le terme de Francie orientale, permettant notamment de le distinguer de la Francie occidentale, sur laquelle régnèrent (avec des interruptions) des Carolingiens jusqu'en 987, puis les descendants d'Hugues Capet. À l'Est et à l'Ouest, le sentiment d'appartenance au royaume des Francs restait fort, mais on voit aussi se dessiner une dissociation progressive au terme de laquelle une Allemagne et une France prendraient conscience de leur singularité. Il faut attendre le début du XIe siècle pour trouver, en Italie, une mention du *regnum Teutonicum*, opposé au *regnum Italiae*. Précédemment, *teutonicus* avait systématiquement renvoyé à l'idiome parlé par les populations[1]. Il semble donc qu'il soit anachronique de parler d'Allemagne et de France pour la période précédant le XIe siècle, mais que ces dénominations deviennent légitimes à partir de ce moment. Une opinion fausse, largement diffusée par l'historiographie du XIXe siècle, doit aussi être rejetée : le couronnement d'Otton Ier ne signifiait en aucune manière la naissance d'un Empire allemand. Il ne saurait en être question, pour la simple raison qu'à l'époque les Allemands n'existaient pas. Il existait un royaume franc oriental réunissant plusieurs peuples qui correspondaient aux duchés ethniques (que K. F. Werner a d'ailleurs proposé, pour cette raison de nommer des « duchés nationaux ») et qui était dirigé, dans le respect de la tradition franque, par un souverain d'origine saxonne. Otton Ier n'était pas un roi allemand, mais « un des rois francs qui, depuis Charlemagne, se partageaient ou se disputaient la protection de l'Église romaine »[2]. Il est faux de considérer les Bavarois, les Francs, les Saxons et les Alamans comme des subdivisions d'un grand « peuple allemand » : il s'agissait de groupes ethniques autonomes et ce n'est que leur association au sein du royaume de Francie orientale qui permettra l'émergence progressive d'une nation allemande. Et cette émergence n'a pu être que favorisée par

---

1. C. Brühl, *op. cit.*, p. 105-114.
2. K. F. Werner, *op. cit.*, p. 354.

le facteur intégrateur que constituaient les liens entre un souverain détenteur d'une dignité prestigieuse et l'aristocratie, laquelle était en outre appelée à prendre part à la réalisation des entreprises impériales, notamment dans le cadre de la politique italienne[1].

Otton Ier et ses successeurs placèrent les royaumes d'Italie et de Bourgogne sous leur domination. Dans les deux cas, il ne s'agissait pas d'un rattachement pur et simple à la Francie orientale (ce qui avait été le cas de la Lorraine), mais d'une union personnelle : le roi de Francie orientale (puis d'Allemagne) accédait également, et automatiquement, à la royauté en Italie et en Bourgogne. Les deux royaumes avaient aux Xe et XIe siècles un territoire très différent de celui du pays ou de la région qui portent leur nom à l'heure actuelle. Le royaume d'Italie correspondait essentiellement à la Lombardie, la Toscane et la Ligurie ; Venise et le sud de la péninsule relevaient de l'empereur d'Orient ; en Italie centrale, les États du pape affirmèrent toujours plus vigoureusement leur indépendance. Pour la Bourgogne (appelée aussi royaume d'Arles), la différence est encore plus nette, puisqu'elle s'étendait du lac Léman à la Méditerranée. La Bourgogne ne fut définitivement acquise que par Conrad II, en 1033. Le pouvoir du roi y était d'ailleurs très faible. Les trois royaumes constituaient l'assise territoriale de l'Empire. Certes, celui-ci tendit ultérieurement à se resserrer sur les territoires germaniques, mais jusqu'à la fin du XVIIIe siècle, l'Empire conserva des droits en Savoie (détachée du royaume de Bourgogne) et en Italie du nord. Il est indéniable que la Francie orientale constituait la base essentielle du pouvoir de l'empereur. Il s'agissait à l'époque du plus puissant royaume d'Europe occidentale et centrale ; les structures politiques étaient solides et l'autorité du souverain s'y exerçait avec force. Cela à une période où l'autorité des rois de Francie occidentale était battue en brèche par les Grands du royaume. Dans l'optique d'une politique impériale, la domination sur l'Italie était une nécessité. Et très rapidement, l'Italie acquit une grande importance dans le domaine économique. Dès le Xe siècle, elle connut un net redémarrage économique : les échanges commerciaux se développèrent, particulièrement avec l'Orient, et les richesses s'accumulèrent. La présence en Italie représentait donc aussi, pour les souverains de Francie orientale, un accès à une zone de développement économique et la possibilité de mettre la main sur une

---

[1] J. Ehlers, *op. cit.*, p. 16-33.

partie des richesses générées par cette activité, à laquelle les territoires situés au nord des Alpes restaient encore largement étrangers. L'importance de la Bourgogne était différente : ce royaume avait essentiellement une fonction défensive et permettait à l'empereur de contrôler certains cols des Alpes. Territorialement, la triade des trois royaumes constitua l'« Empire romain ». Cette domination plurielle constituait une forme atténuée d'universalisme et elle était susceptible d'être mise en relation avec l'extension territoriale de la Rome antique : l'Empire n'était pas limité à la Germanie, mais exerçait aussi son autorité sur des parties de l'Italie et de la Gaule. Cette domination multiple correspondait également à une acception particulière de la notion d'Empire : était considérée comme impériale une souveraineté sur plusieurs royaumes ou plusieurs peuples. Selon cette conception, il n'appartenait pas à l'empereur de régner sur le monde entier, mais d'occuper une place centrale et d'exercer un ascendant sur l'ensemble des royaumes du monde connu. C'est l'image qu'offre la Diète de Quedlinburg (Pâques 973) à laquelle assistèrent, outre des représentants des États proches de l'Empire ottonien, des Bulgares, des Russes et des Byzantins : comme le fait observer Robert Folz, le pouvoir de l'empereur apparaissait comme une sorte de prépondérance que lui reconnaissaient, à des titres divers, des peuples proches ou lointains[1].

Il est extrêmement éclairant de comparer les idées et la politique d'Otton Ier à celles de son petit-fils Otton III. Lorsque Otton II mourut après un règne de dix ans (7 décembre 983), son fils et héritier n'avait que trois ans. La régence fut assurée successivement par la mère du nouvel empereur, puis, après la mort de celle-ci (992), par sa grand-mère. Elles furent efficacement secondées par des conseillers remarquables, tels l'archevêque Willigis de Mayence. Otton III exerça le pouvoir à partir de 994 ; il n'était alors âgé que de quatorze ans ! Le contraste est frappant avec son grand-père. Otton III avait reçu une éducation très soignée ; parmi ses maîtres figurait notamment Gerbert d'Aurillac, l'un des plus grands esprits de l'époque. Et le jeune souverain était fils de la princesse byzantine Théophano, qui le familiarisa avec la tradition impériale byzantine. Le bref règne d'Otton III, qui fut couronné empereur en 996 et mourut en 1002, fut marqué par une vigoureuse réinterprétation de l'idée impériale, dans le sens d'une synthèse des idées franque et romaine. Un

---

1. R. Folz, *La naissance du Saint-Empire, op. cit.*, p. 122.

symptôme très net est la fréquence de la référence à Rome dans la désignation de l'Empire. Le fils de Théophano n'entendait pas laisser aux Byzantins le monopole de la référence à Rome, et inscrivit son Empire dans une tradition vénérable, vieille maintenant d'un millénaire. L'inscription dans cette tradition détermina largement le programme d'Otton III, résumé dans la formule portée par la bulle utilisée pour sceller les diplômes à partir de 998 : *Renovatio Imperii Romanorum*. C'est au renouveau de l'Empire des Romains que tendait Otton III, qui fut le seul empereur à faire de Rome sa capitale. Cette décision contrevenait à la Donation de Constantin, mais Otton III refusa de reconnaître celle-ci et la déclara apocryphe. Dans l'esprit de l'empereur, Rome devait recouvrer le rôle qu'elle avait joué à l'époque de la naissance du Christ : celui de capitale du monde. La cour impériale fut modelée de manière à imiter les splendeurs de Byzance. Des titres latins ou grecs furent décernés aux hauts dignitaires : on eut ainsi un protospathaire (porte-glaive), un discophore (échanson) et un logothète (chancelier) ; le Saxon Ziazo fut fait patrice des Romains[1].

À l'égard du pape, Otton III resta fidèle aux principes de son grand-père, appliqués avec davantage de rigueur. En 996, il désigna, pour occuper le trône de saint Pierre son cousin Brun (Grégoire V). À la mort de celui-ci (999), il le remplaça par son maître Gerbert d'Aurillac, qui devint pape sous le nom de Sylvestre II. Le choix de ce nom n'est pas fortuit : il signale le souhait de réitérer l'union qui avait existé entre Sylvestre Ier et Constantin. Mais, comme l'indique Francis Rapp, « si les acteurs voulaient être les mêmes, ce n'était pas pour jouer la même pièce »[2]. Otton refusa de renouveler les privilèges de la papauté, et réduisit le pape au rang d'usufruitier de la donation impériale, qui devait rester sous le contrôle de l'empereur. Otton III fut sans doute l'empereur le plus sensible à l'idéal universaliste, sous l'influence essentiellement de Gerbert d'Aurillac. Gerbert savait que l'ancien Empire avait cessé d'exister, mais proposait à son élève le renouvellement de celui-ci, avec Rome pour capitale effective. Néanmoins, l'universalisme d'Otton III ne doit pas être compris comme l'impérialisme exercé par un peuple et son souverain sur les autres : dans sa pensée, l'Empire devait réunir autour de l'empereur l'ensemble des

---

1. R. Folz, *La naissance du Saint-Empire, op. cit.*, p. 136-137.
2. F. Rapp, *Le Saint Empire romain germanique, op. cit.*, p. 69.

peuples chrétiens. C'est d'un universalisme chrétien que rêvait Otton III, c'est-à-dire d'une chrétienté à direction impériale[1]. La mise en pratique de cet idéal s'effectua notamment dans sa politique vis-à-vis de la Pologne et de la Hongrie. Otton favorisa la création de sièges métropolitains à Gnesen (Gniezno) et à Gran (Esztergom) : les Églises polonaise et hongroise étaient de ce fait soustraites à l'influence de Magdebourg et de Salzbourg, au grand mécontentement des deux archevêques qui se voyaient privés de ce qu'ils considéraient comme leur sphère d'influence. Du point de vue politique, Otton renonça à toute tentative d'annexion de la Pologne et de la Hongrie au royaume de Francie orientale : ces États, devenus chrétiens, entrèrent dans le cadre de l'Empire, et leurs souverains furent investis par l'empereur lui-même qui leur fit parvenir une réplique de la Sainte-Lance. Otton III suivait là sans doute, au plan politique et religieux, un modèle d'inspiration byzantine. Ses intentions sont révélées par deux titres qu'il adopta dans les années 999-1001[2]. Lors de son pèlerinage sur la tombe de saint Adalbert à Gnesen (999-1000), il prit le titre de *Servus Jesu Christi* (esclave de Jésus-Christ). Il y a là sans doute une marque d'humilité, mais ce titre avait aussi été porté par les apôtres. L'empereur byzantin, pour sa part, portait le titre d'*isapostolos* (égal des apôtres), qui avait une signification très proche. Otton mettait ainsi l'accent sur la dimension apostolique de sa mission impériale. Cette donnée était également soulignée par le titre de *Servus apostolorum* (esclave des apôtres). Implicitement, ce titre faisait référence au prince des apôtres, c'est-à-dire à saint Pierre. On comprend mieux l'intention d'Otton lorsqu'on considère que la formule figure dans une donation au pape : ce n'est pas directement le pape, mais saint Pierre qui est désigné comme le récipiendaire de la donation. Cette distinction rappelle ainsi que le service de saint Pierre laisse à l'empereur tous les droits à la direction de son patrimoine terrestre. La dimension politique de cette pensée devient manifeste lorsqu'on considère que le roi de Hongrie, à l'invitation d'Otton III, consacra son royaume à saint Pierre.

Otton III envisageait un avenir glorieux : il demanda la main d'une princesse byzantine et comme l'empereur d'Orient était sans descendance,

---

1. R. Folz, *La naissance du Saint-Empire, op. cit.*, p. 142.
2. Percy Ernst Schramm, *Kaiser, Rom und Renovatio*, Darmstadt : WBG, 4ᵉ édition, 1984 p. 141-160.

il envisagea de réunir les deux couronnes sur sa tête. Mais les difficultés s'accumulèrent au cours de la dernière année de son règne : Otton fut chassé de Rome par une insurrection, pendant qu'en Saxe, les Grands se révoltaient. Les peuples rejetaient le rêve universaliste de l'empereur. Pour les Romains, il ne fut jamais qu'un étranger ; quant aux Saxons, ils craignaient de voir une prééminence récemment conquise leur échapper au profit des Romains et ils étaient en désaccord sur la manière dont avait été réglée la question polonaise. Otton III n'eut plus le temps d'entreprendre la reconquête : il mourut à vingt-deux ans, le 24 janvier 1002. Conformément à son vœu, il fut enterré à Aix-la-Chapelle, aux côtés de Charlemagne. Sa disparition marqua le retour à une politique moins ambitieuse, recentrée sur le royaume de Francie orientale.

La manière dont fut réglée la succession d'Otton III ne manque pas d'intérêt. Le décès de l'empereur déclencha une crise de succession au cours de laquelle s'affrontèrent plusieurs candidats. Henri de Bavière l'emporta grâce à l'appui de l'archevêque Willigis de Mayence. Il était aussi, parmi les compétiteurs, le plus proche agnat de l'empereur défunt : il était, lui aussi, l'arrière-petit-fils d'Henri Ier. Le programme du nouveau roi, Henri II, est nettement formulé dans la devise qu'il choisit pour sa bulle : *Renovatio regni Francorum*. C'est à la rénovation et à la consolidation du royaume de Francie orientale qu'iraient ses soins ; Rome et l'Italie passeraient à l'arrière-plan. Avant son accession au trône, Henri II avait été duc de Bavière. Comme il s'était alors lui-même efforcé de développer les structures de son duché et de marquer son indépendance, il connaissait les risques que faisait courir au pouvoir royal la puissance des ducs. Des séditions en Lorraine et en Saxe le persuadèrent de la nécessité de renforcer l'unité du royaume et de développer le pouvoir du souverain. Plus encore que ses prédécesseurs, il s'appuya sur le système de l'Église d'Empire. La manière dont le roi utilisa les ressources de l'Église est particulièrement remarquable. En dehors d'Aix-la-Chapelle, il n'y avait pas de capitale ; mais le rôle d'Aix était symbolique et non administratif : c'est là que le roi était (en principe) couronné et sacré. Le reste du temps, la cour était itinérante. Les déplacements perpétuels correspondent pour une part à un trait caractéristique de la politique à l'époque médiévale : l'exercice du pouvoir requérait la présence du souverain ; pour être obéi, celui-ci devait régulièrement se montrer et réactiver ses droits régaliens. L'un des premiers actes d'un règne était en règle générale une chevauchée à travers le royaume

(*Umritt*), au cours de laquelle les sujets transféraient à leur nouveau souverain l'hommage qu'ils avaient rendu à son prédécesseur. Mais les aspects économiques de cette pratique étaient également importants : la présence de la cour en un endroit était liée à une consommation élevée de biens matériels, et les revenus personnels du roi étaient insuffisants à couvrir la dépense. Le roi profitait de l'hospitalité des évêques et des couvents et se faisait restituer de cette manière une partie des dons faits précédemment. Cette hospitalité entrait dans le cadre du *servitium regis* (service du roi), auquel étaient tenus les Grands du royaume. Henri II, qui consacra au royaume de Francie l'essentiel de ses efforts, ne se désintéressa pourtant pas de Rome et de l'Italie. C'est lui qui introduisit une nouveauté remarquable dans la titulature royale : en 1007, alors qu'il n'était pas encore couronné empereur, il prit le titre de *Rex Romanorum*. La signification de ce titre, qui réapparaîtra ultérieurement dans l'histoire allemande, était claire : il affirmait l'union de l'Empire et du royaume de Francie orientale et signalait que le roi, dès son accession au trône, avait vocation à ceindre la couronne impériale.

Le 13 juillet 1024, Henri II mourut sans enfants. Sa succession fut assurée en respectant le droit du sang : Conrad II, qui lui succéda, était un descendant d'Otton Ier, par voie cognatique, il est vrai. On considère généralement que le règne de Conrad II marque l'avènement d'une nouvelle dynastie, les Saliens (terme qui fait bien entendu référence aux Francs saliens) ; la rupture n'était pourtant que relative et ne remettait pas en question la continuité ottonienne. Certes, Conrad II fut élu par les Grands du royaume, mais il est net que le principe électif devait composer avec certaines formes de continuité dynastique : c'était, pour l'instant, toujours dans la parenté du souverain défunt que les électeurs recherchaient son successeur. La continuité ne fut pas uniquement dynastique, mais aussi politique. Conrad II poursuivit l'œuvre entreprise par son prédécesseur, s'appuyant notamment sur la petite et la moyenne noblesse.

Incontestablement, le règne de Conrad II (1024-1039) marque un apogée de la puissance royale. Son rayonnement au-delà des frontières de la Francie orientale apparut nettement lors de son couronnement à Rome (1027), effectué en présence de deux rois (Knut de Danemark et Rodolphe II de Bourgogne) et de nombreux prélats. Dès 1026, il put régler sa succession : son fils Henri fut désigné par les Grands du royaume et couronné à Aix-la-Chapelle en 1028. La stabilité de la dynastie était assurée.

À la mort de Conrad (1039), son fils, Henri III, lui succéda sans difficultés. On a reproché à Conrad II de manquer de foi, ce qui est sans doute excessif, mais il est certain qu'il se rendit coupable de simonie ; les aspects temporels de sa mission en tant que roi primaient les aspects religieux et spirituels[1]. Son fils, par contre, était animé par une foi ardente et il se faisait une haute idée de la dimension spirituelle de sa mission. Il était renforcé dans ses convictions par l'influence de son épouse, Agnès de Poitou, proche du mouvement clunisien. Henri III fit siens les idéaux de ce mouvement et lutta pour la pureté de l'Église. Cette lutte prit notamment la forme de l'interdiction de la simonie ; bien plus que ses prédécesseurs, il fit dépendre ses choix des qualités morales et religieuses des candidats. L'attitude d'Henri III est d'autant plus remarquable que lui-même continua de désigner des abbés et des évêques. C'est sous son règne que le système de l'Église d'Empire fut parachevé : au lieu de donner seulement aux évêques l'investiture par la crosse, il leur conféra aussi l'anneau, symbole de leur union avec leur diocèse.

L'un des actes majeurs de son règne fut la réunion du synode de Sutri (1046), au cours duquel trois papes, jugés indignes, furent destitués. Le titre de patrice des Romains que l'empereur se fit conférer fondait d'ailleurs son droit à participer à la désignation du pontife. Pour remplacer les trois papes destitués à Sutri, Henri III fit appel à l'évêque de Bamberg, qui devint pape sous le nom de Clément II. Après le décès de Clément II, puis de son successeur, Damase II, Henri III fit appel, pour occuper le trône de saint Pierre à l'un de ses parents, évêque de Toul, qui deviendra Léon IX. Léon IX se rendit à Rome en compagnie de l'un de ses proches, Humbert de Moyenmoutier. Tous deux étaient proches du mouvement de réforme de l'Église qui s'était développé en Lorraine sous l'influence du couvent de Gorze (près de Metz). Rien, pour l'instant ne semblait menacer la mainmise de l'empereur sur l'Église, mais Henri III lui-même, en se faisant le promoteur d'une Église régénérée et purifiée, avait favorisé la diffusion d'idées nouvelles, qui rejetteraient toute influence des laïcs sur l'Église. Sous le règne d'Henri III, le conflit resta latent : l'empereur et le pape coopéraient à la rénovation religieuse du monde.

---

1. Rudolf Buchner, *Deutsche Geschichte im europäischen Rahmen*, Darmstadt : WBG, 1975, p. 89.

Le règne d'Henri III marque en quelque sorte une transition : nous voyons l'Empire doté d'une force et d'une autorité qui placent son souverain à la tête des monarques chrétiens. Selon une formule fréquemment utilisée à propos de l'Empire, « *praecellit in mundo* », il tient la première place dans le monde. Néanmoins, des sources de faiblesse sont faciles à distinguer. L'Empire manquait de moyens gouvernementaux et administratifs ; composé de trois royaumes, il ne possédait pas l'unité nécessaire à un développement harmonieux ; enfin, la dignité impériale n'était concevable que dans le cadre d'une relation privilégiée avec la papauté : toute modification dans la nature de ces relations devait conduire à des conflits graves[1].

IV. La querelle des investitures

Beaucoup d'espoirs furent anéantis par la mort prématurée d'Henri III, le 5 octobre 1056. La régence fut assurée par sa veuve, Agnès de Poitou, femme d'une remarquable piété, mais médiocrement douée pour les tâches de gouvernement. Et la personnalité du nouveau roi, Henri IV, était bien différente de celle de son père. On l'a comparé à son grand-père Conrad II : tous deux étaient indubitablement des croyants, mais leur attitude était dictée par des considérations politiques. Néanmoins, on est aussi en droit de penser que même avec un homme comme Henri III, le conflit avec l'Église serait rapidement devenu inévitable.

Si l'on examine les causes de ce conflit, il faudra mentionner en premier lieu le mouvement de réforme de l'Église qui se développa à partir du début du Xe siècle : une Église régénérée, débarrassée des abus qui l'abaissaient et la discréditaient, ne pourrait plus accepter de rester sous la tutelle des laïcs, ceux-ci fussent-il empereurs. La conception impériale du Moyen-Âge, assurément grandiose, ne pouvait être appliquée que grâce à la coopération confiante entre les deux pouvoirs suprêmes de la chrétienté : l'empereur et le pape. Force est de constater que les périodes où cette coopération fut possible furent rares et que les deux pouvoirs ne tardèrent pas à s'affronter. Avec des intensités variables, cette lutte fut une constante de la vie politique et religieuse européenne du dernier quart du XIe siècle (querelle des investitures) jusqu'au milieu du XIVe siècle (conflit

---

1. R. Folz, *La naissance du Saint-Empire, op. cit.*, p. 164.

entre le pape Jean XXII et l'empereur Louis de Bavière). Il n'est pas possible ici de retracer tous les épisodes de cet affrontement. Mais il faut évoquer brièvement l'épisode fameux que constitue la querelle des investitures.

On a l'habitude de faire débuter le mouvement de renouveau spirituel et moral de l'Église avec la fondation de Cluny (910). Contrairement à la plupart des autres monastères, Cluny était libre de toute dépendance par rapport à un seigneur ou à un évêque ; et Cluny combattit toujours pour s'affranchir et affranchir les maisons qui dépendaient de lui de toute juridiction épiscopale et seigneuriale[1]. Certes, l'action de la fondation de Cluny ne se fit pas ressentir immédiatement : mais les monastères dépendant de Cluny furent de véritables pépinières d'où sortirent ultérieurement les hommes qui allaient réformer l'Église. Et ces hommes étant des moines, leur entreprise tendit à « monachiser l'Église ». La réforme visait essentiellement à éliminer deux maux : le nicolaïsme et la simonie. Par nicolaïsme, on entendait les manquements des ecclésiastiques à l'obligation de chasteté : il était encore courant que les prêtres fussent mariés ou concubinaires, ce que les réformateurs condamnaient au nom de la pureté et de la dignité de la fonction ecclésiastique, mais aussi pour des considérations plus matérielles, puisque le mariage des prêtres conduisait à des tentatives de transmission héréditaire, donc d'aliénation des biens de l'Église. La simonie, l'un des péchés les plus vigoureusement combattus dans l'Église médiévale, concernait un domaine tout à fait différent : il s'agissait de l'achat ou de la vente des actes ou des charges spirituels et sacramentels. La simonie était considérée comme une hérésie. Une conception très large de la simonie finit par englober tous les services ou honoraires demandés lors d'une désignation ou d'une ordination au sacerdoce ou à l'épiscopat. Le parti de la réforme jugeait inutile de s'attaquer aux différents maux dont souffrait l'Église si on ne commençait pas par éliminer ce qui apparaissait comme la cause de toutes les irrégularités : il fallait un clergé pur et discipliné, dirigé par des évêques canoniquement élus et libérés de toutes les relations de dépendance vis-à-vis des seigneurs laïques[2]. La liberté de l'Église devint le mot d'ordre des partisans de la réforme. L'un des textes les plus significatifs à cet égard est le

---

1. *Nouvelle Histoire de l'Église*, Paris, 1968, t. 2, p. 152-153.
2. *Nouvelle Histoire de l'Église*, op. cit., t. 2, p. 203-206.

traité *Adversus simoniacos* (Contre les simoniaques) d'Humbert de Moyenmoutier (1058) : Humbert y réaffirme que la simonie est une hérésie, ce qui invalide l'ensemble des ordinations effectuées par des simoniaques ; d'autre part, il restaure le principe de l'élection canonique et élimine toute intervention séculière dans la nomination des dignitaires ecclésiastiques. À ses yeux, toute intervention séculière relevait de la simonie, même si l'investiture n'avait aucunement été monnayée. On considère généralement que les idées exprimées dans ce traité conduisirent à la rédaction du décret de 1059, promulgué par Nicolas II : ce décret conférait aux seuls cardinaux le droit d'élire le pape et interdisait aux clercs de recevoir l'investiture d'un laïc. Il est intéressant de noter que ces événements se passèrent pendant la minorité d'Henri IV. Celui-ci, à sa majorité (1065) entendit revenir sur le décret de 1059, récupérer le contrôle des élections pontificales et rendre aux laïcs (donc aussi à l'empereur) leurs droits en matière de désignations épiscopales. Un affrontement à propos de l'archevêché de Milan déboucha en 1073 sur l'excommunication des conseillers d'Henri IV par le pape Alexandre II ; celui-ci décéda peu après et fut remplacé sur le trône de saint Pierre par le personnage qui allait donner au conflit toute son âpreté : le moine Hildebrand, pape sous le nom de Grégoire VII : c'était un homme d'une foi profonde et d'une indiscutable humilité personnelle, mais il était aussi intransigeant, obstiné et maladroit ; il mettait la papauté au-dessus de tous les gouvernements terrestres (y compris celui de l'empereur) et réclamait pour le pape une vénération universelle et une obédience sans limites. En 1075, le conflit autour de l'archevêché de Milan reprit : Henri IV, sans tenir compte du décret pontifical de 1059, imposa son candidat. À la protestation du pape, Henri répondit en convoquant à Worms une assemblée qui déposa Grégoire VII, lequel à son tour, lors du synode de Carême de 1076, excommunia le souverain ; ses sujets furent relevés de leur serment de fidélité. Et c'est là que se fit sentir le poids de la situation politique du royaume d'Allemagne[1]. Les Grands, dont Henri IV venait de mater une révolte, se rallièrent au pape : ils décidèrent que leur roi serait déposé s'il restait excommunié plus d'un an et qu'il serait tenu de plaider sa cause devant le pape à Augsbourg, le 2 février 1077. La royauté d'Henri IV était fortement mena-

---

1. Il semble légitime de parler, à partir de cette époque, de royaume d'Allemagne et plus de « Francie orientale ».

cée : la réunion de ses adversaires aurait sans doute signifié la fin de son règne. C'est pour prévenir cette éventualité qu'il se décida à accomplir un geste spectaculaire. En plein hiver, il passa le col du Mont-Cenis et se présenta, à la fin du mois de janvier 1077, devant le château de Canossa (en Émilie), où se trouvait le pape qui se dirigeait vers Augsbourg. Trois jours de suite, Henri se présenta devant la porte du château, faisant pénitence et implorant l'absolution. Celle-ci lui fut accordée le 27 janvier.

Indéniablement, Henri IV avait remporté là une victoire : il avait empêché le pape de venir en Allemagne, ce qui aurait sans doute scellé sa défaite. Mais il ne s'agissait que d'une victoire temporaire, et à long terme, les effets de Canossa furent extrêmement négatifs pour les empereurs. Car Henri IV avait créé un précédent en reconnaissant le pape pour juge, c'est-à-dire, d'une certaine manière, pour son supérieur. Il y avait là une confirmation pratique des revendications pontificales à la supériorité sur le pouvoir impérial. Le souvenir de cette humiliation devait rester vivace dans la mémoire des Allemands. Tout le monde connaît la phrase que Bismarck prononça en 1872 devant le Reichstag : « Nous n'irons pas à Canossa », signifiant son refus de voir à nouveau l'Empire allemand s'humilier devant le Saint-Siège. Grégoire VII avait donc remporté une victoire de principe, mais il avait aussi laissé échapper un avantage politique : ses alliés allemands s'estimèrent trahis. D'ailleurs, une partie de ceux-ci, sans tenir compte de l'accord conclu à Canossa, considéra qu'Henri IV était déposé et élut, pour le remplacer, le duc de Souabe Rodolphe de Rheinfelden (15 mars 1077). La royauté de Rodolphe de Rheinfelden fut politiquement parlant un échec, sanctionné par une défaite militaire en 1080. Mais on voit apparaître un phénomène nouveau, appelé à prendre ultérieurement une importance considérable : Rodolphe de Rheinfelden est le premier antiroi (*Gegenkönig* ou *Gegenkaiser*) de l'histoire allemande. Il est le premier sur l'assez longue liste de ces personnages, généralement élus par un parti, dans des conditions litigieuses, et opposés au souverain (en principe) légitime. Mais bien des souverains, et non des moindres, commencèrent comme antirois et n'acquirent qu'ultérieurement leur légitimité. En outre, le choix de Rodolphe de Rheinfelden marque une attitude nouvelle des princes participant à l'élection : ils ne tiennent nul compte du droit du sang ni de la continuité dynastique (en fait, Rodolphe de Rheinfelden était un agnat des Saliens), mais choisissent librement leur candidat auquel ils imposent leurs conditions, sous une forme qui n'est pas sans rappeler ce qui deviendra, bien plus tard, la capitulation électorale (*Wahlkapitulation*)[1].

En 1080, Grégoire VII excommunia à nouveau Henri IV, mais l'arme, si efficace la première fois, était désormais émoussée : la plupart des princes allemands se rangèrent sous la bannière du roi et le pape finit sa vie exilé à Salerne (25 mai 1085). C'est l'antipape Clément III qui posa la couronne impériale sur la tête d'Henri IV, le 31 mai 1084.

La querelle des investitures ne fut réglée qu'en 1122, par le concordat de Worms, signé entre Henri V et le pape Calixte II. La crispation des deux partis sur leurs positions et la crainte de perdre la face avaient retardé l'adoption de ce compromis, fondé sur la distinction entre l'office spirituel et les possessions temporelles de l'Église. Cette solution s'inspirait d'accords similaires passés en Angleterre et en France. Le roi renonçait à l'investiture par l'anneau et la crosse et les élections épiscopales seraient désormais libres, conformément aux règles canoniques. Par contre, le roi (ou son représentant) aurait le droit d'assister aux élections, et pourrait, en cas d'indécision, œuvrer en faveur du « meilleur parti ». Les prélats conservaient les droits régaliens : mais l'investiture se ferait désormais par le sceptre et serait l'occasion d'un serment de fidélité au roi. En Allemagne, l'investiture précéderait la consécration, alors qu'en Italie et en Bourgogne, elle devrait suivre dans un délai de six mois. La différence était considérable : en Allemagne, l'investiture conditionnait la consécration, ce qui laissait au roi la possibilité d'éliminer un candidat qui ne lui agréait pas ; en Italie et en Bourgogne, l'évêque une fois consacré, il était pratiquement impossible de lui refuser l'investiture. Les deux solutions retenues correspondent nettement à deux sphères géopolitiques. En Bourgogne, et surtout en Italie, dans la sphère d'intérêt du pape, l'Église devenait largement indépendante de l'empereur ; en Allemagne par contre, dans la sphère d'intérêt immédiate de l'empereur, l'influence de celui-ci sur l'Église était provisoirement maintenue. Le système de l'Église d'Empire n'était pas anéanti du jour au lendemain, mais il était condamné à plus ou moins long terme. Les clauses du concordat de Worms ont joué un rôle non négligeable dans la constitution de cette particularité de l'histoire allemande que sont les principautés ecclésiastiques.

---

1. R. Buchner, *op. cit.*, p. 104.

V. Les Hohenstaufen

Henri V n'avait pas de fils. Sa mort, le 23 mai 1125, marqua en quelque sorte la fin d'une époque : pendant deux siècles, la succession sur le trône avait été largement déterminée par le droit héréditaire. Le principe électif ne s'était affirmé qu'avec l'élection des antirois Rodolphe de Rheinfelden (1077) et Hermann de Salm (1081), mais les deux tentatives se soldèrent par des échecs. Avec l'élection de Lothaire III (1125) et de Conrad III (1138), le principe électif reprit force. Dans les deux cas, le choix des princes ne se porta pas sur le candidat possédant les meilleurs droits héréditaires : les princes faisaient usage de leur droit au détriment de la continuité dynastique. Certains enjeux apparaissent nettement. D'une part, les élections étaient précédées par des tractations, qui portaient notamment sur les différentes usurpations commises par les princes. De cette manière, la monarchie élective était un moyen éprouvé d'obtenir la reconnaissance de droits régaliens acquis irrégulièrement[1]. D'autre part, la papauté resta toujours partisane du principe électif en Allemagne, alors qu'elle admit sans protester le triomphe du principe héréditaire dans d'autres monarchies, dont la France. Les liens que l'empereur entretenait nécessairement avec Rome et l'Italie amenaient le pape à soutenir ce qui pouvait empêcher le développement d'un pouvoir central puissant en Allemagne[2].

On relève d'ailleurs une évolution progressive de la procédure d'élection. En principe, le roi était élu par le « peuple », c'est-à-dire par les Grands du royaume. En 1125, le nombre d'électeurs fut limité à quarante : chacune des ethnies principales fournissait dix électeurs. Le choix se porta sur le Saxon Lothaire de Supplinburg, pour des raisons qui ne tenaient pas uniquement aux mérites reconnus au candidat : Lothaire avait dépassé les 50 ans, il n'avait pas de fils et ne pourrait fonder une dynastie ; les électeurs avaient ainsi l'assurance de pouvoir à nouveau exercer leur droit librement dans un avenir assez proche. L'occasion leur en fut donnée après le décès de Lothaire III, en 1138. Pour éviter toute continuité dynas-

---

[1]. Horst Fuhrmann, *Deutsche Geschichte im hohen Mittelalter*, Göttingen : V&R, 3e édition, 1993, p. 111.
[2]. Bernhard Töpfer et Evamaria Engel, *Vom staufischen Imperium zum Hausmachtkönigtum. Deutsche Geschichte vom Wormser Konkordat 1122 bis zur Doppelwahl von 1314*, Weimar : Böhlau, 1976, p. 31.

tique, les électeurs écartèrent de la succession le parent le plus proche de l'empereur défunt, son gendre Henri le Fier, duc de Saxe et de Bavière, de la Maison de Welf. Le choix des électeurs se porta sur le duc de Souabe, Conrad, frère du candidat qui avait été écarté en 1125. Conrad III fut le premier souverain appartenant à la Maison de Staufen (ou Hohenstaufen). L'élection de 1138 devait avoir une conséquence à long terme : en aiguisant la rivalité entre les Welf et les Staufen, elle devait créer un facteur qui pèserait sur la vie politique allemande pendant près de trois quarts de siècle. D'ailleurs le règne de Conrad III débuta sous le signe de l'affrontement : le nouveau souverain déchut son rival de ses deux duchés. Mais ce n'était là qu'un intermède : le fils d'Henri le Fier, Henri le Lion ne tarda pas à récupérer la Saxe, puis la Bavière.

Le pouvoir des Staufen fut affermi par le neveu et successeur de Conrad III, Frédéric Ier (appelé Barberousse). Frédéric Ier (1152-1190) est resté une figure majeure de l'histoire allemande. Son long règne lui donna le temps d'accomplir une œuvre remarquable et sa fin accidentelle, au cours de la IIIe croisade, fit entrer le personnage de plain-pied dans la légende. Frédéric Ier mena dans tous les domaines une politique visant à la restauration de l'autorité impériale, tant en Italie qu'en Allemagne. En Italie, il remporta des succès notables : en 1158, lors de la Diète de Roncaglia (près de Lodi), une commission fut chargée de connaître des usurpations commises au détriment des droits régaliens. Les droits usurpés, qui correspondaient à des revenus considérables, devaient être restitués et administrés par des fonctionnaires royaux. Cette politique se heurta à la résistance de Milan : la cité lombarde fut mise au ban et fut entièrement détruite après sa capitulation en 1162. La politique italienne de Barberousse se distinguait nettement de celle des Saliens et de Lothaire III. Il n'était désormais plus question d'une prééminence définie en termes assez vagues, mais de l'exercice effectif d'un pouvoir fondé sur la récupération des droits régaliens et des revenus afférents. On a d'ailleurs prêté à Frédéric Ier l'intention de compenser l'affaiblissement du pouvoir royal en Allemagne par une réactivation de la politique italienne. La force des communes italiennes devait empêcher la pleine réalisation de ce projet. La paix de Constance (1183) constitua une solution de compromis : elle maintenait la souveraineté impériale et ménageait les revenus que l'empereur tirait d'Italie, sans pour autant mettre à sa disposition l'ensemble des ressources économiques et politiques qu'offraient ces riches régions [1].

En Allemagne, Barberousse tenta de renforcer le pouvoir royal en le fondant sur une base territoriale stable. Il reconstitua les biens de la couronne en plaçant sous son autorité directe les fiefs devenus vacants. Ainsi fut constitué un ensemble de territoires prenant l'Allemagne en écharpe, de l'Alsace à la Thuringe. De nombreux châteaux-forts assuraient la protection de ces terres, dont l'administration fut fréquemment confiée à des ministériaux. Les ministériaux constituent une particularité de l'histoire sociale allemande : il s'agissait de serviteurs initialement non libres, que leurs compétences finirent par assimiler à la petite noblesse. En Allemagne et en Italie, les ministériaux furent les plus efficaces et les plus fidèles parmi les serviteurs des empereurs Staufen, et leur dévouement permit de compenser au moins partiellement les conséquences de la crise des investitures et le démantèlement du système de l'Église d'Empire.

L'époque des Staufen vit d'ailleurs une mutation majeure dans la structure politique du royaume d'Allemagne. À l'époque ottonienne et salienne, le royaume avait été fondé sur les cinq duchés ethniques. Progressivement, ceux-ci furent morcelés, divisés en unités plus réduites. La Souabe et la Franconie finiront par n'être plus que des notions géographiques ; des entités politiques continueront de se référer à la Bavière et à la Saxe, mais leur importance territoriale sera sans commune mesure avec celle des anciens duchés ethniques. La disparition des duchés ethniques est parfaitement illustrée par la manière dont fut réglée l'ancienne querelle entre les Staufen et les Welf. Conrad III avait privé le Welf Henri le Fier de ses deux duchés, la Saxe et la Bavière. En 1142, le fils d'Henri le Fier, Henri le Lion récupéra le duché de Saxe ; en 1154, il rentra aussi en possession de la Bavière, mais celle-ci fut amputée en 1156 de la marche d'Autriche, élevée au rang de duché. Henri le Lion était devenu le plus puissant parmi les vassaux du roi, dont il s'aliéna la bienveillance en refusant à partir de 1161 de participer aux entreprises italiennes de Frédéric Ier. L'expansionnisme d'Henri le Lion induisit de nombreux conflits en Allemagne, qui fournirent à Barberousse un prétexte pour intervenir : en 1180, Henri le

---

1. Bernhard Töpfer et Evamaria Engel, *Vom staufischen Imperium zum Hausmachtkönigtum. Deutsche Geschichte vom Wormser Konkordat 1122 bis zur Doppelwahl von 1314, op. cit.*, p. 123-124 et 143.

Lion fut mis au ban de l'Empire, puis déchu de ses fiefs et banni en Angleterre. La Saxe fut divisée et la Bavière, amputée cette fois de la Styrie, concédée en fief à Otton de Wittelsbach, fondateur d'une dynastie qui devait y régner jusqu'en 1918. Pour le petit-fils d'Henri le Lion, Frédéric II créa en 1235 le duché de Braunschweig-Lüneburg, constitué du patrimoine allodial des Welf, transformé en fief d'Empire.

À la place des ducs ethniques apparaîtra une nouvelle couche aristocratique : celle des princes d'Empire (*Reichsfürsten*), vassaux directs du roi, qui recevaient, lors de l'investiture, un étendard (pour les princes laïcs) ou un sceptre (pour les princes ecclésiastiques). L'ensemble de ces grands vassaux constituait l'« état des princes d'Empire » (*Reichsfürstenstand*). On comptait initialement seize princes laïcs (ce chiffre sera ultérieurement fortement augmenté) et environ quatre-vingt-dix princes ecclésiastiques. C'est à cette époque aussi que se mit en place l'« ordre des boucliers » (*Heerschildordnung*), qui établissait une stricte hiérarchie des seigneurs et des vassaux. Le sommet de la hiérarchie était occupé par le roi, porteur du « premier bouclier ». Au second et troisième bouclier correspondaient les princes ecclésiastiques et laïcs (les laïcs pouvaient recevoir un fief des ecclésiastiques, mais l'inverse n'était pas possible). Les comtes, qui constituaient le quatrième niveau, n'étaient plus vassaux du roi et ne faisaient donc à l'origine pas partie du *Reichsfürstenstand*. Le bas de la hiérarchie était occupé par les ministériaux, considérés désormais comme aptes à recevoir un fief et définitivement intégrés à la noblesse. Pour les rois, les ducs ethniques avaient été des rivaux redoutables et leur disparition aurait pu permettre un renforcement du pouvoir central : mais on constatera que les princes seront des adversaires tout aussi tenaces. Frédéric Ier avait favorisé la constitution du *Reichsfürstenstand*, pensant pouvoir lier plus fortement les princes au pouvoir central. Ce calcul resta pertinent tant que les princes n'eurent pas pleinement développé leur pouvoir territorial, mais il eut aussi pour effet d'empêcher tout lien entre le roi et la petite noblesse, désormais séparés par l'écran que constituaient les princes[1].

La mise en place de cet écran fut favorisée par la féodalisation de l'État. Ce phénomène a été jugé ultérieurement de manière très négative, et de nombreux historiens y ont vu la cause majeure de la faiblesse du pouvoir

---

1. Bernhard Töpfer et Evamaria Engel, *Vom staufischen Imperium zum Hausmachtkönigtum. Deutsche Geschichte vom Wormser Konkordat 1122 bis zur Doppelwahl von 1314*, p. 149.

royal en Allemagne. Néanmoins, le même processus eut lieu en France et en Angleterre, avec des résultats tout à fait opposés. Hans Boldt pense d'ailleurs que c'est plutôt le fait que la féodalisation ne fut pas totale en Allemagne et que les princes restèrent toujours en possession de terres allodiales (accrues par les défrichements) qui leur donna une base à partir de laquelle ils purent efficacement développer leur pouvoir[1].

En 1184, Frédéric Ier opéra un revirement notable de sa politique étrangère : il s'allia aux Normands qui régnaient sur la Sicile. L'alliance fut scellée par des fiançailles entre le fils et héritier de Frédéric Ier, Henri VI, et Constance, tante du roi de Sicile Guillaume II. Le mariage, qui fut célébré en 1186, devait avoir des conséquences politiques considérables : Guillaume II décéda sans enfants en 1189 et Henri VI devint roi de Sicile : son nouveau royaume englobait non seulement la Sicile proprement dite, mais aussi toute la partie méridionale de la péninsule italienne. Il y avait là une nouvelle donne politique source de conflits majeurs avec la papauté, qui ne pouvait accepter de voir ses États pris en tenaille par les possessions des Staufen. D'où un affrontement qui devait atteindre son paroxysme pendant le règne de Frédéric II (1211-1250).

Après avoir brisé la résistance des barons siciliens, hostiles à un roi étranger, Henri VI fut couronné roi de Sicile le jour de Noël de l'an 1194. Le lendemain, son épouse donna le jour à un fils, le futur Frédéric II. Henri VI réactiva vigoureusement l'idée impériale, selon une modalité liant l'universalisme à la féodalité. Il réussit à faire reconnaître sa suzeraineté par les rois d'Angleterre, de Chypre et d'Arménie, mais ces liens de vassalité s'avérèrent éphémères. Des projets visant à rendre la couronne héréditaire échouèrent ; néanmoins, en 1196, Henri VI réussit à faire élire roi son fils Frédéric, alors âgé de deux ans. L'empereur avait de grands projets, et il n'est pas exclu qu'il eût pu modifier le caractère de l'Empire en y renforçant notablement le pouvoir de l'empereur, mais il mourut le 28 septembre 1197, à peine âgé de 31 ans. Sa disparition fut à l'origine d'une crise politique extrêmement grave.

En principe, le successeur d'Henri VI était désigné : il s'agissait de son fils Frédéric II, dont l'élection avait été acquise en 1196. Mais pour les partisans des Staufen, la situation politique induite par la mort prématurée de l'empereur interdisait de respecter cette décision qui impliquait, vu l'âge

---

1. H. Boldt, *op. cit.*, t. 1, p. 81.

de Frédéric, une longue régence : il fallait un roi adulte, capable d'exercer personnellement le pouvoir. L'année 1198 vit une double élection. Des princes favorables aux Staufen élurent le frère d'Henri VI, Philippe de Souabe ; un autre parti porta son choix sur le Welf Otton de Brunswick (Otton IV), fils d'Henri le Lion. Deux couronnements eurent lieu. Le pape Innocent III profita de la situation pour s'ériger en juge de la dignité et de l'aptitude à la fonction des deux candidats en lice. Son choix se porta sur le Welf, prêt à de larges concessions au pouvoir pontifical ; Otton IV présentait en outre l'avantage considérable de n'avoir nul droit sur la Sicile et d'écarter ainsi la menace de la réunion sous une même autorité des royaumes d'Allemagne et de Sicile. Mais sur le terrain, c'est le Staufen qui était en passe de l'emporter lorsqu'il fut assassiné, le 21 juin 1208. Cet assassinat, totalement étranger à la lutte pour le pouvoir, laissa le champ libre à Otton IV, dont la royauté fut désormais reconnue. Il fut couronné empereur le 4 novembre 1209.

Une fois couronné, Otton IV se montra d'une remarquable ingratitude et se soucia peu de respecter les engagements pris vis-à-vis du pape. Innocent III l'excommunia et le déposa : pour le remplacer, il fit appel au fils d'Henri VI, Frédéric de Sicile. Frédéric était d'ailleurs le filleul d'Innocent III et, en tant que roi de Sicile, son vassal. En septembre 1211, un groupe de princes réunis à Nuremberg élut Frédéric roi d'Allemagne : la diplomatie du pape et du roi de France, Philippe Auguste, avait joué là un rôle considérable. Frédéric II n'était, pour l'instant, qu'un antiroi, et Otton IV était peu disposé à abandonner la partie. L'issue du combat fut décidée hors d'Allemagne, sur le champ de bataille de Bouvines (27 juillet 1214) où Philippe Auguste vainquit le roi d'Angleterre Jean (dit Jean sans Terre) et son allié, Otton IV. C'était la fin du rôle politique du Welf qui mourut, abandonné par tous ses partisans, en 1218.

Le règne de Frédéric II vit une remarquable tentative de concrétisation de l'idée impériale, mais ses effets sur le pouvoir royal en Allemagne ont été jugés négativement. Il est certain que ce règne fut marqué par un net déplacement du centre de gravité de l'Empire vers le Sud : c'est l'Italie et la Sicile qui absorbèrent le meilleur des forces de Frédéric qui ne séjourna d'ailleurs que brièvement au nord des Alpes. Et pour avoir les mains libres en Italie, Frédéric consentit d'importantes concessions aux princes allemands.

En Sicile, Frédéric poursuivit l'œuvre des rois normands : des réformes administratives et juridiques firent du royaume l'entité politique la plus achevée de l'époque, par certains aspects assez proche de l'État moderne. Les révoltes furent impitoyablement réprimées ; l'administration et la justice furent organisées sur un mode centralisateur (dans la mesure où ce terme est pertinent, rapporté au Moyen-Âge). En 1231 furent promulguées les Constitutions de Melfi, connues aussi sous le nom de *Liber Augustalis*. Frédéric plaça son action sous un double et vénérable patronage : celui des empereurs Justinien et Auguste. Justinien (527-565) avait été l'empereur législateur qui avait fait compiler le *Corpus iuris civilis* ; Auguste, qui régnait au moment de la naissance du Christ, avait assuré à l'Empire romain une longue période de paix. Frédéric II voulait instaurer un nouvel âge d'or, règne de la paix et de la justice. Il se désignait lui-même comme « loi animée », source de la justice qui se communiquait à l'ensemble du royaume[1]. Les médiateurs de la justice étaient les fonctionnaires et les juges, dont l'action fut assimilée à celle des prêtres. Aux fonctionnaires, nommés par le roi seul, furent dévolues les attributions traditionnellement exercées par la noblesse féodale. Mais ces fonctionnaires n'avaient de pouvoir que par délégation et toute hérédité des charges fut éliminée. Pour former les fonctionnaires, Frédéric fonda l'université de Naples et il interdit d'ailleurs à ses sujets d'aller étudier à l'étranger.

Frédéric II était devenu roi d'Allemagne de par la volonté d'Innocent III, mais les relations entre les deux personnages ne tardèrent pas à se dégrader. Les conflits principaux concernaient la politique italienne et la croisade. Peu après son couronnement à Aix-la-Chapelle (1215), Frédéric II s'était engagé à participer à la croisade. Cet engagement ne résultait pas d'une hostilité de principe à l'Islam : pendant sa jeunesse à Palerme, Frédéric avait fréquenté des savants et des poètes sarrasins, et les musulmans étaient nombreux parmi ses sujets. Mais en prenant la direction d'une croisade, Frédéric II affirmait sa position prééminente au sein de la chrétienté. C'était là, selon les paroles d'Ernst Kantorowicz, « un coup diplomatique extrêmement habile, voire génial »[2]. Mais l'accomplissement du vœu prit beaucoup de temps et les difficultés politiques retinrent Frédéric en Italie. En septembre 1227, il s'embarqua effectivement à

---

1. Ernst Kantorowicz, *Kaiser Friedrich der Zweite*, Stuttgart : Klett-Cotta, 1991, p. 203-207.
2. Ernst Kantorowicz, *Kaiser Friedrich der Zweite, op. cit.*, p. 71.

Brindisi, mais fut obligé de rebrousser chemin. Le pape Grégoire IX en tira prétexte pour l'excommunier. C'est donc un empereur excommunié qui reprit la mer l'année suivante, délivra les Lieux Saints et se couronna lui-même roi de Jérusalem (février-mars 1228). Ces succès n'avaient pas été remportés les armes à la main, mais étaient le fruit de négociations menées avec un « Infidèle », le sultan d'Égypte Al Kamil. Le pape, qui ne reconnaissait pas la légitimité d'une croisade menée par un souverain excommunié, en profita pour lancer ses troupes à l'attaque de la Sicile, ce qui obligea Frédéric à quitter immédiatement son nouveau royaume pour repousser l'agression. Mais la paix et la levée de l'excommunication furent chèrement payées : Frédéric dut renoncer à influencer les élections épiscopales en Sicile, ainsi qu'à imposer les ecclésiastiques ou à les déférer devant ses tribunaux.

Comme son grand-père, Frédéric Barberousse, Frédéric II avait la ferme volonté de restaurer les droits de l'Empire en Italie du nord. Les riches villes lombardes s'étaient émancipées de la tutelle impériale et avaient largement usurpé les droits et les biens de l'Empire. La restitution de ceux-ci ainsi que la lutte contre l'hérésie devaient être à l'ordre du jour d'une Diète (*Hoftag*) à laquelle Frédéric II convoqua les princes allemands pour Pâques 1226 : le lieu choisi était la ville de Crémone, traditionnellement favorable aux Staufen. Les villes d'Italie septentrionale réagirent immédiatement en reconstituant la Ligue lombarde, alliance militaire conclue pour vingt-cinq ans. La Ligue s'empressa de bloquer les cols alpins et empêcha ainsi la tenue de la Diète de Crémone. Il y avait là des actes d'hostilité manifeste à l'égard de l'empereur, qui ne firent qu'augmenter son aversion à l'égard des cités lombardes et de leurs tendances démocratiques. Aux yeux de Frédéric, les Lombards n'étaient que des rebelles, hérétiques de surcroît. Le conflit fut provisoirement apaisé par la médiation du pape. Frédéric II comptait sur l'appui d'Honorius III pour venir à bout des villes lombardes, mais le pape refusa cette alliance : il n'avait certes aucune sympathie pour des villes dominées par les partis populaires, où sévissaient de surcroît diverses hérésies, mais il reconnut vite que la défaite de la Ligue lombarde serait aussi la sienne et que seuls les Lombards pourraient faire échec aux projets de l'empereur, qui visait à dominer l'ensemble de l'Italie. Grégoire IX puis Innocent IV ne cessèrent de soutenir les Lombards dans leur combat contre l'empereur. La fortune des armes fut inconstante : en 1237, l'empereur remporta une victoire éclatante à Cortenuova (au sud de Bergame), mais en 1248, il subit une sévère défaite sous les murs de Parme. Les combats ravagèrent l'Italie du nord et, parallèlement, le pape et l'empereur s'affrontèrent dans des écrits de propagande d'une virulence extrême.

Frédéric II, absorbé par la politique italienne, ne fit en Allemagne que d'assez brefs séjours (1212-1220, 1235-1236). Dès 1220, il confia l'administration du pays à son fils Henri, qu'il fit élire roi. Cette élection présentait le double avantage d'assurer la représentation de l'empereur au nord des Alpes, mais aussi de réunir sur une même tête les couronnes d'Allemagne et de Sicile, ce que le pape avait voulu empêcher à tout prix en se servant des électeurs ecclésiastiques. Mais le prix à payer fut élevé. Frédéric transféra, par un *Pacte avec les princes ecclésiastiques* (*Confœderatio cum principibus ecclesiasticis*) aux princes ecclésiastiques des droits régaliens et leur conféra d'importants privilèges (péages, frappe de la monnaie, droit de tester librement) ainsi que la juridiction sur les villes situées dans leurs territoires.

Lors de son élection, Henri (VII)[1] n'avait que neuf ans, et la régence fut assurée par l'archevêque de Cologne, puis, après l'assassinat de celui-ci, par le duc de Bavière. Le règne d'Henri commença en 1228 et donna rapidement à Frédéric des raisons d'inquiétude : Henri rejetait toute tutelle, il voulait soumettre les princes en s'appuyant sur les villes et les ministériaux. Pour une fois, les princes oublièrent leurs querelles et imposèrent au roi la cession de privilèges exorbitants lors de la Diète (*Hoftag*) de Worms (mai 1231). Henri, qui avait voulu renforcer le pouvoir royal, lui avait, par maladresse, porté un coup mortel. Lors de la Diète d'Aquilée (1232), Frédéric II obtint la soumission de son fils, mais confirma les concessions faites à Worms par l'*Édit en faveur des princes* (*Statutum in favorem principum*). L'édit étendait aux princes laïcs les concessions faites en 1220 aux ecclésiastiques et accordait à l'ensemble des princes l'exercice de la quasi-totalité des droits régaliens dans leurs territoires : cela revenait à faire accéder les princes à une large souveraineté. Cette évolution eut une intéressante correspondance dans le domaine lexical. À partir du début du XIIIe siècle, on voit apparaître, pour désigner les princes, l'appellation

---

1. Comme Henri mourra avant son père et n'exercera pas le pouvoir de manière autonome, il est d'usage de mettre le VII entre parenthèses, pour éviter toute confusions avec l'empereur Henri VII, de la maison de Luxembourg, qui régnera de 1308 à 1313.

domini terrae, c'est-à-dire le titre qui serait le leur jusqu'en 1806 : « Seigneurs de la terre », en allemand *Landesherren*. Ce terme figure d'ailleurs dans l'Édit de 1232. Comme le fait observer E. Kantorowicz, l'évolution vers la forme étatique conforme au modèle sicilien se ferait désormais en Allemagne au profit des princes et non du pouvoir central. Kantorowicz met aussi l'accent sur les motivations de Frédéric II. Il ne s'agissait nullement d'indifférence vis-à-vis du pouvoir royal en Allemagne, mais de la nécessité politique d'assurer la bienveillance des princes allemands et d'éviter à tout prix l'ouverture d'un deuxième front qui aurait réduit ses chances de victoire sur le pape et les villes lombardes[1]. De fait, on constate que la plupart des princes allemands (y compris les ecclésiastiques) restèrent fidèles à Frédéric II, même lorsque sa position devint difficile après sa déposition par Innocent IV en 1245.

Il serait excessif d'affirmer que Frédéric II a délibérément sacrifié l'Allemagne à l'Italie. Son attitude était réaliste et ne faisait finalement que sanctionner une situation existante. Et il tenta de sauver ce qui pouvait l'être. L'édit de paix publique (*Landfriedensordnung*) promulgué à Mayence en août 1235 est significatif à cet égard. Le texte proclame que la justice est l'apanage du roi : en son absence, elle sera rendue par un « justiciaire », à l'instar de ce qui se pratiquait en Sicile. Les guerres privées (*Fehden*) ne sont pas totalement interdites, mais limitées et soumises à des conditions strictes. Pour compenser la perte des biens de la couronne et des droits régaliens en Allemagne, Frédéric II semble avoir envisagé une solution promise à un grand avenir : la constitution d'un domaine patrimonial (*Hausmacht*) soumis à l'autorité exclusive du roi. Après la mort du dernier duc d'Autriche de la Maison de Babenberg, Frédéric II conserva l'Autriche et tenta d'y introduire le type d'administration qui avait fait ses preuves en Sicile. Cette tentative n'aboutit pas alors, mais la méthode sera reprise ultérieurement par les Habsbourg, avec un très grand succès.

Les dernières années du règne de Frédéric II furent consacrées à la lutte contre Grégoire IX, puis Innocent IV. En juin 1245, Innocent IV réunit un concile à Lyon et prononça la déposition de l'empereur. Aucun des antirois qui furent élus par une poignée de princes ne put s'imposer. Mais la mort de l'empereur, le 13 décembre 1250, fut suivie de l'effondrement rapide du pouvoir des Staufen en Sicile et en Allemagne. Indiscutable-

---

1. E. Kantorowicz, *op. cit.*, p. 349-350.

ment, la mort de Frédéric II constitue un repère chronologique majeur dans l'histoire du Saint-Empire. Après une période de restauration du pouvoir impérial et du prestige de l'Empire, marquée aussi par la domination du principe héréditaire, les forces contraires allaient pouvoir s'exercer presque sans opposition pendant près d'un quart de siècle : les princes pourraient développer leur autorité dans les territoires et le principe électif pourrait librement s'exercer. La période qui s'ouvrait, l'une des plus sombres pour le Saint-Empire, est connue sous le nom de « Grand Interrègne ».

Chapitre II

L'IDÉOLOGIE IMPÉRIALE ENTRE LE MOYEN-ÂGE ET LA RENAISSANCE

I. Le schéma universaliste : la théorie des quatre Empires

L'un des éléments essentiels de la dignité de l'Empire créé en 962 résidait dans l'affirmation de son caractère romain. Celui-ci, nous l'avons vu, fut initialement assez secondaire : étranger à la culture antique, fidèle à la tradition carolingienne, mais aussi soucieux de ménager la susceptibilité de Byzance, Otton Ier avait plutôt mis l'accent sur le caractère franc de son Empire. Otton II avait déjà fait preuve de moins de réserve et Otton III, fils de la princesse byzantine Théophano, avait hautement proclamé que sa dignité était celle d'empereur romain. Sa politique (qui déboucha certes sur un échec) avait visé à la restauration dans sa gloire de l'Empire des Césars. Jusqu'en 1806 l'Empire et l'empereur resteront romains dans leur titulature officielle. Cela n'allait pas sans poser le problème de la justification de cette appellation. Autrement dit : comment pouvait-on légitimer le caractère romain d'une entité politique gouvernée par des souverains originaires du nord des Alpes, qui ne réussit jamais à soumettre à sa domination qu'une partie des territoires qui avaient appartenu à l'Empire des Césars et qui devait d'ailleurs progressivement tendre à se restreindre à l'espace germanique ?

Il était couramment admis que la recréation de l'Empire en 962 se rattachait directement au couronnement de Charlemagne en l'an 800, et c'est cet événement qui fut considéré prioritairement. Sa nature fut expliquée en fonction de deux théories : celle de la *renovatio imperii* (rénovation de l'Empire) et celle de la *translatio imperii* (transfert de l'Empire). La théorie la plus ancienne est celle de la *renovatio imperii*, qui pose qu'il y eut, entre 476 et 800, une parenthèse dans l'existence de l'Empire en Occident. Le couronnement de Charlemagne marquait donc le retour à une situation normale, simplement interrompue par un fâcheux concours d'événements.

La théorie de la *renovatio imperii* présentait l'avantage d'être acceptable par Byzance puisqu'elle ne contredisait en rien la légitimité du pouvoir impérial de l'empereur d'Orient qui s'intitulait, lui aussi, empereur des Romains et considérait comme une insulte d'être qualifié d'empereur des Grecs. Vers 1100 apparut la théorie de la *translatio imperii* dont les prémisses et les implications étaient bien différentes, puisqu'elle présupposait la négation de la légitimité de l'Empire d'Orient, qui perdura quand même jusqu'en 1453 : en effet, cette théorie expose que la dignité impériale fut ôtée aux Byzantins en l'an 800 pour être conférée au roi des Francs. Ceci n'est compréhensible que si l'on admet qu'il ne peut y avoir, à une époque donnée, qu'un seul Empire : tel est justement le sens de l'idée de la succession des Empires, qui constitue le fondement de la *translatio imperii*. Cette idée est fondée sur l'exégèse de deux passages célèbres du Livre de Daniel dans l'Ancien Testament. Le premier passage (Dn 2, 1-45) décrit une étrange statue vue en rêve par le roi de Babylone Nabuchodonosor : cette statue avait une tête d'or, une poitrine et des bras d'argent, des jambes de fer et des pieds faits de fer mêlé à de l'argile ; une pierre se détachant d'une montagne sans intervention humaine anéantit la statue. Le prophète Daniel, captif à la cour de Babylone, explique au roi la signification de son rêve. Chaque partie de la statue représente un royaume : la tête d'or représente le puissant royaume de Nabuchodonosor, qui sera remplacé successivement par trois autres royaumes, toujours plus faibles. À la fin, Dieu établira un royaume qui durera éternellement. Le deuxième passage (Dn 7, 1-28) présente une structure similaire. Il relate que Daniel vit en songe quatre bêtes sortir l'une après l'autre de la mer ; la dernière était munie de dents de fer énormes, elle portait dix cornes et Daniel vit pousser une autre corne, plus petite, qui arracha trois des premières cornes. L'explication de la vision met chaque bête en relation avec un roi. Dans son interprétation de ces passages, saint Jérôme (début du Ve siècle) ajouta un élément essentiel : l'identification des entités en question. Il s'agissait selon lui successivement de l'Empire des Babyloniens, puis de celui des Perses et des Mèdes, puis de celui des Grecs (c'est-à-dire d'Alexandre et de ses successeurs) et enfin de celui des Romains. De ces données assez succinctes pouvaient être tirées des conclusions très significatives quant à la nature de l'Empire. Tout d'abord, il était essentiel que l'Empire de Rome fût annoncé dans la Bible, ce qui mettait en évidence sa dimension religieuse : il s'agissait d'une réalité transcendant le plan temporel et politique. D'autre part, l'Empire romain, comme les trois autres Empires, était annoncé par voie prophétique : il avait donc sa place dans le plan divin de rédemption de l'humanité. D'ailleurs, saint Jérôme était formel : le dernier Empire ne serait anéanti par aucune force humaine, il subsisterait jusqu'à la fin du monde et sa disparition précéderait immédiatement la venue de l'Antéchrist. Enfin, les Empires dont parlaient Daniel et saint Jérôme étaient bien plus que des royaumes puissants : il s'agissait de Monarchies universelles, étendant leur domination *de jure* sur le monde entier, même si, *de facto*, certains territoires leur échappèrent. Il est aisé de discerner le prestige que le Saint-Empire pouvait retirer de son assimilation à l'Empire romain et on comprend avec quel acharnement les propagandistes s'efforcèrent de maintenir cette fiction.

L'impressionnant tableau historique dont les grandes lignes étaient dessinées par la théorie de la succession des quatre Empires posait le caractère unique d'un Empire à une époque donnée, mais il admettait aussi que la dignité impériale puisse passer d'un peuple à un autre, sans qu'un Empire change pour autant de nature et d'appellation. Cela avait été le cas du deuxième Empire, détenu successivement par les Mèdes, puis les Perses, mais aussi du quatrième, qui passa des Romains aux Grecs (c'est-à-dire aux Byzantins), puis de ceux-ci aux Allemands : et le terme de *translatio imperii* servit prioritairement à désigner ce dernier transfert, censément accompli lors du couronnement de Charlemagne à Rome, le jour de Noël de l'an 800. L'intérêt se focalisa sur cet événement et sur les interprétations qui pouvaient en être données. Les partisans de l'empereur s'efforçaient bien entendu de minimiser le rôle joué par Léon III dans le couronnement de Charlemagne : ils ne voyaient dans le pape que l'instrument de la Providence qui avait choisi le souverain et le peuple les plus aptes à diriger l'Empire que les Romains avaient laissé échapper et dont les Grecs s'étaient rendus indignes. Les qualités militaires des Francs, affirma-t-on, les désignaient pour remplir cette mission. La légende, largement diffusée à l'époque, des origines troyennes des Francs, fut mise à contribution pour légitimer le transfert de l'Empire : l'Empire des Romains qui, eux aussi, prétendaient descendre des Troyens, aurait donc été remis au peuple qui leur était le plus proche. Les partisans de l'empereur fondaient essentiellement la légitimité du transfert de l'Empire aux

Francs, dans lesquels on voyait des Allemands[1], sur le droit de conquête. Les partisans du pape avaient une approche radicalement différente. Éliminant toute référence au droit de conquête ou à l'acclamation de Charlemagne par les Romains, ils faisaient dépendre l'accession du roi des Francs à l'Empire de la seule volonté du pape : c'est lui qui choisit, comme il en avait le droit, le meilleur protecteur pour le Saint-Siège. Et le geste de Léon III fut interprété comme une concession révocable, non comme un transfert définitif. Enfin, et là était sans doute le point essentiel, les circonstances de la translation de l'an 800 furent considérées comme ayant créé un précédent : le pape usa en cette occasion d'un droit qu'il conservait et dont il pouvait, le cas échéant, refaire usage au profit d'un autre souverain, voire d'un autre peuple.

La double élection de 1198 donna à Innocent III l'occasion de tirer des applications de cette doctrine. Il revendiqua le droit de trancher entre les deux prétendants, faisant valoir que celui qui couronne et sacre le roi possède également le doit d'examiner les postulants au trône. Dans la décrétale *Venerabilem* (1202), Innocent III présenta le droit d'élection des princes allemands comme l'exercice de prérogatives appartenant au Saint-Siège ; mais, de manière à peine voilée, il rappelait aussi l'imprescriptibilité des droits pontificaux et menaçait les Allemands de mettre un terme à la délégation dont ils jouissaient. Les idées énoncées par Innocent III furent vigoureusement réaffirmées par Grégoire IX : ce pape voyait dans le transfert de la dignité impériale à Charlemagne une simple délégation d'autorité n'amoindrissant en aucune manière la puissance souveraine dont le pape était seul dépositaire et dont il possédait la libre disposition. Les implications de ces affirmations sont évidentes : l'empereur n'est qu'un vassal du pontife, celui-ci s'est intercalé entre l'empereur et Dieu. En fait, le pape est le véritable empereur.

L'une des applications les plus remarquables de la théorie des quatre Empires figure dans la grande chronique d'Otton de Freising, *Histoire des deux cités*, dont le titre fait d'ailleurs directement référence à la *Cité de Dieu* de saint Augustin. Otton, évêque de Freising, qui était aussi l'oncle de Frédéric Ier, rédigea sa chronique sous le règne de Conrad III, dans les années 1143-1146. Otton montre la succession des Empires, dont il sou-

---

1. Bien entendu, en France, on avait d'autres vues sur la « nationalité » des Francs et de Charlemagne.

ligne le caractère providentiel : cette succession constitue une marche ininterrompue vers une phase finale qui sera l'établissement de la Cité de Dieu, la Jérusalem céleste. Selon Otton, la translation des Empires de l'Est vers l'Ouest est parallèle au transfert de la sagesse de l'Orient vers l'Occident. Par sa christianisation opérée par Constantin, l'Empire tend à se confondre avec l'Église, dont il est en quelque sorte le corps terrestre. Au sein du quatrième Empire, Otton voit se dessiner un double mouvement : l'Église s'affermit de plus en plus, alors que l'Empire donne des signes de vieillesse, ce qui ne l'empêchera pas de durer jusqu'à la fin des temps, sa disparition ne devant avoir lieu qu'au moment de l'apparition de l'Antéchrist[1].

II. Les deux pouvoirs

La querelle des investitures, par son caractère souvent dramatique (pensons à l'épisode fameux de Canossa), a frappé les imaginations ; mais elle n'est en fin de compte qu'un aspect d'un conflit plus large opposant la papauté (ou le Sacerdoce) à l'Empire. L'enjeu du conflit était la prééminence dans le monde chrétien. On constate que l'Empire, souvent triomphant sous Otton Ier et ses successeurs immédiats, est réduit à la défensive devant l'« offensive théocratique[2] » menée par une papauté régénérée et combative. La théocratie, dans ce contexte précis, est une doctrine affirmant que l'Église, ou plus exactement la papauté, détient la souveraineté dans les affaires temporelles. Notons bien qu'il est question de détenir et non d'exercer la souveraineté : celle-ci peut être déléguée par la papauté à une instance soumise à l'autorité ecclésiastique, qui reçoit d'elle sa fonction et peut, en cas de nécessité, en être privée par elle. Il existe, dans la pensée européenne du Moyen-Âge, une tradition théocratique régulièrement réactivée par la papauté au cours de ses conflits avec les empereurs[3].

L'un des premiers jalons de cette tradition fut posé par le pape Gélase (492-496), dans une lettre destinée à l'empereur byzantin Anastase. Gélase proclama que le monde était régi par deux pouvoirs, le pouvoir royal et le

---

1. Alois Dempf, *Sacrum Imperium. Geschichts- und Staatsphilosophie des Mittelalters und der politischen Renaissance*, Darmstadt : WBG, 4e édition, 1973, p. 247-252.
2. Jean-François Noël, *Le Saint-Empire*, Paris, ²1986 : PUF, p. 42.
3. Sur cette tradition, voir notamment Marcel Pacaut, *La théocratie. L'Église et le pouvoir au Moyen-Âge*, Paris : Aubier, 1957, *passim*.

pouvoir pontifical. Ces deux juridictions, affirme-t-il, sont indépendantes l'une de l'autre et ceux qui les exercent tiennent leur pouvoir directement de Dieu. Mais Gélase indique aussi la finalité de ces deux pouvoirs : tous deux doivent conduire les hommes vers le salut, ce qui amène à dénier à l'autorité politique toute fin propre. D'autre part, Gélase pose une relation hiérarchique : l'autorité pontificale, qui est une *auctoritas*, c'est-à-dire une pleine souveraineté, est placée au-dessus de l'autorité royale, qui est une *potestas*, un pouvoir administratif. Enfin, les pontifes, qui devront rendre des comptes à Dieu, ont le pouvoir d'excommunier les rois et les empereurs. Un siècle plus tard, le pape Grégoire Ier (590-604) reprit à son compte la doctrine gélasienne du dualisme et de la coopération des pouvoirs. Grégoire était respectueux de la puissance impériale, admettait son origine divine, mais ne lui assignait qu'une mission spirituelle : celle de guider les hommes vers le salut. L'objectif majeur de Grégoire Ier était d'affirmer la primauté de Rome dans l'Église. Ce programme fut également celui de Grégoire VII, l'adversaire d'Henri IV, qui fut l'un des principaux représentants de la pensée théocratique. Grégoire VII résuma sa pensée en vingt-sept propositions, connues sous le nom de *Dictatus papae* (1075), qui exposent certains principes devant régir les relations entre les deux pouvoirs. Il y est par exemple affirmé que seul le pape peut user des insignes impériaux (ce qui se réfère directement à la Donation de Constantin), qu'il est le seul homme dont tous les princes baisent les pieds, qu'il lui est permis de déposer les empereurs et qu'il peut délier les sujets du serment de fidélité prêté à un souverain temporel. Grégoire VII tenta d'ailleurs d'introduire une nouveauté dans le titre dont il désignait Henri IV : il le qualifia de *Rex Teutonicorum* (roi des Allemands) pour bien signifier qu'à ses yeux ce souverain n'avait nul droit sur l'Italie ni la Bourgogne et qu'il rejetait l'idée d'une royauté impériale fondée sur la vocation du roi à ceindre la couronne impériale[1].

Au cours du conflit qui l'opposa à l'empereur Frédéric II, le pape Innocent III (1198-1216) développa un ensemble de théories qui peut être considéré comme un point culminant de la pensée théocratique. Le but poursuivi par Innocent III était double : il voulait renforcer la centralisation de l'Église et assurer l'indépendance du Saint-Siège en affermissant sa puissance territoriale. Innocent III admet la séparation des deux pouvoirs

---

1. J. Ehlers, *op. cit.*, p. 47.

et reconnaît l'autonomie de l'exercice du pouvoir temporel ; mais l'État ne se voit reconnaître nulle finalité propre. L'Empire, affirme-t-il, relève de l'Église de deux manières. Il en relève dans son origine (*principaliter*), car c'est du pape qu'émane le pouvoir de l'empereur ; il en relève aussi selon la fin qui lui est assignée (*finaliter*), qui est le service de la cause chrétienne. Et surtout, Innocent III prône son droit à intervenir dans la sphère temporelle, lorsque les intérêts de l'Église (largement confondus avec ceux du Saint-Siège) sont en jeu. La figure à laquelle Innocent III se référait avec prédilection était Melchisédech (Gn 14, 18-20), qui unissait en sa personne le Sacerdoce et la Royauté.

De nombreux ecclésiastiques recoururent à des considérations allégoriques pour préciser la nature des relations entre les deux pouvoirs. Honorius d'Autun (1e moitié du XIIe siècle), qui développe les thèses grégoriennes, voit le rapport hiérarchique inscrit dans les relations entre des personnages bibliques : le pouvoir spirituel est au-dessus du pouvoir temporel, de la même manière qu'Abel, Jacob et Samuel furent supérieurs à Caïn, Esaü et Saül. Les théories des « deux luminaires » et des « deux glaives » se prêtèrent à des développements de même inspiration. La théorie des « deux luminaires » (il s'agit du soleil et de la lune), fondée sur un passage de la Genèse (1,16), fut énoncée pour la première fois à la fin du Xe siècle par Léon de Vercelli. Elle fut reprise par Grégoire VII, puis par Innocent III, qui souligna que, comme la lune n'a que la lumière qui lui vient du soleil, les rois n'ont que le pouvoir qui leur vient du pape. La formulation classique de la théorie des « deux glaives » fut donnée par saint Bernard, dans un ouvrage destiné au pape Eugène III (*De consideratione*, 1149-1152). La doctrine se fonde sur deux passages du Nouveau Testament (Mt 26, 51-52 et Luc 22, 38). Pour saint Bernard, c'est à l'Église que Dieu a remis les deux glaives (les deux pouvoirs). Mais l'Église ne peut exercer que le pouvoir spirituel, car elle se souillerait au contact du pouvoir temporel : elle délègue donc celui-ci à une instance inférieure. Le glaive spirituel doit être tiré *par* l'Église ; le glaive temporel doit être tiré *pour* l'Église, sur l'ordre de cette dernière.

Une théorie donnée était susceptible de recevoir des interprétations radicalement opposées. Frédéric Ier, par exemple, se garda de rejeter la théorie des deux glaives, mais émit des vues originales sur l'origine de ces deux symboles : l'empereur affirmait que les deux glaives provenaient directement de Dieu, qui en avait remis un au pape et l'autre à l'empereur[1]. Le rejet de la thèse curiale apparut nettement lors d'un incident qui marqua la Diète de Besançon, en octobre 1157. Le légat du pape Hadrien IV présenta un écrit rappelant ce que Frédéric Ier devait au Saint-Siège. Le texte comportait le terme latin *beneficium*, que le chancelier Rainald de Dassel, traduisit par « fief », ce qui faisait de l'empereur le vassal du pape. Face aux protestations, le légat s'exclama d'ailleurs : « De qui tient-il l'Empire, si ce n'est du pape ? » Il s'ensuivit un départ précipité des légats pontificaux, suivi d'une lettre conciliante d'Hadrien IV, où il était précisé que *beneficium* avait été utilisé avec l'acception de « bienfait » ; toute référence à une possible vassalité était éliminée. Mais on est en droit de penser qu'il y avait là une tentative de faire entrer dans l'usage un terme ambivalent, susceptible de fonder ultérieurement des revendications précises.

Face à de pareils rappels, Frédéric Ier mit d'ailleurs en avant le caractère électif de la royauté allemande, à laquelle il conférait, tout comme son oncle Conrad III, une dimension impériale. Barberousse présentait l'élection comme l'acte manifestant la volonté de Dieu, dont les électeurs étaient en quelque sorte les instruments. Alors qu'Henri IV, pendant son conflit avec Grégoire VII, avait fondé sa légitimité sur son droit héréditaire, Frédéric Ier, tenant compte de l'évolution des conditions politiques, instrumentalisait l'élection comme arme pour rejeter les revendications fondées sur l'interprétation curiale des théories de la *translatio imperii* et des deux pouvoirs.

III. L'idée impériale sous les Staufen

A. L'apport du droit romain

Plusieurs données permettent de mieux comprendre la régénération de l'idéologie impériale à l'époque des Staufen. On peut par exemple mentionner l'ouverture intellectuelle procurée par les croisades. Conrad III, le fondateur de la dynastie, avait participé à la IIe croisade et avait séjourné à Constantinople. Là, il avait découvert un Empire libéré de la tutelle de l'Église. Il faut également tenir compte d'un phénomène de surcompensation consécutif à la querelle des investitures. Au cours de celle-ci, les papes avaient affirmé leur supériorité sur l'empereur, réduit en quelque sorte au

---

1. H. Fuhrmann, *op. cit.*, p. 170.

rang de vassal du Saint-Siège : les partisans de l'empereur répliquèrent en plaçant leur maître au-dessus des autres souverains chrétiens. Enfin, il faut faire la part du caractère volontiers outrancier de la littérature encomiastique. Les thuriféraires de l'empereur qualifiaient celui-ci de « maître du monde », mais il n'y a eu, de la part des empereurs Staufen, aucune tentative sérieuse de contester l'autonomie des royaumes européens. Au contraire, ils tentèrent de gagner leurs souverains à leur cause[1].

Au moment où des conflits entre l'empereur et la papauté étaient de nature à oblitérer le rayonnement de l'idée impériale, celle-ci retrouva une nouvelle vigueur en bénéficiant de l'appui du droit romain. Celui-ci n'avait jamais été totalement oublié, mais il connut une renaissance spectaculaire au XIIe siècle, notamment grâce aux juristes de l'université de Bologne. Le droit romain, dont les sources essentielles étaient les grandes compilations réalisées sur l'ordre de l'empereur Justinien, exaltait l'idée impériale et le pouvoir de l'empereur, et les juristes de Bologne se tournèrent tout naturellement vers les souverains de leur époque qui réclamaient l'héritage des Césars. C'est sous le règne de Frédéric Ier que le rôle nouveau dévolu au droit romain apparut avec le plus de netteté.

Le droit romain présentait l'Empire sous les traits que celui-ci possédait à la fin de l'Antiquité : cet Empire était unique et universel. À l'universalité de l'Empire devait correspondre l'universalité de son droit, auquel était soumis théoriquement l'ensemble des peuples. D'autre part, l'utilisation au XIIe siècle de ce droit impérial permettait de mettre en évidence la perpétuation de l'Empire depuis l'époque des Césars. Frédéric Ier affirma nettement cette continuité : il demanda aux juristes bolonais d'inscrire ses lois dans le *corpus iuris*, à la suite de celles de ses « divins prédécesseurs », parmi lesquels il comptait Constantin, Justinien et Théodose.

Le droit romain permettait de déterminer les prérogatives de l'empereur. Le pouvoir de celui-ci devait s'exercer de manière absolue, conformément à la *lex regia* énonçant l'affirmation fameuse que « ce qui plaît au Prince a pouvoir de loi ». L'empereur apparaissait dans son rôle de législateur suprême, possédant la compétence d'interpréter ou de modifier les lois édictées par ses prédécesseurs.

L'apport du droit romain était également précieux dans le cadre des controverses entre partisans de l'Empire et du Sacerdoce. Le pape fondait

---

1. K. F. Werner, *op. cit.*, p. 362.

ses prétentions sur l'Écriture ; avec le droit romain, les partisans de l'empereur possédaient une référence autonome, de nature juridique, et dont le prestige était aussi considérable. Et comme le droit romain se prononçait nettement en faveur de l'origine divine directe du pouvoir impérial, il pouvait être opposé aux théories qui confiaient les deux glaives au pape et réduisaient l'autorité temporelle à l'exercice d'un pouvoir délégué.

B. La sainteté de l'Empire

Sans doute faut-il voir dans l'affirmation de la sainteté de l'Empire par le biais de la dénomination *Sacrum Imperium* qui apparaît en 1157 une réaction au rabaissement de la dignité impériale par le parti pontifical pendant la querelle des investitures. L'usage a sanctionné la traduction de *Sacrum Imperium* par « Saint Empire », mais une traduction plus conforme au sens de la formule serait « Empire sacré ». Car c'est bien de l'affirmation du caractère sacré de l'Empire qu'il s'agit. Au cours du XIIIe siècle s'imposa la formule *Sacrum Romanum Imperium*. À côté d'une « Sainte Église romaine », il y avait, égal en dignité, un « Saint Empire romain », lui aussi institué par la Providence, devant son existence et son pouvoir à Dieu, et non au pape. Dans une large mesure, le caractère sacré de l'Empire était lié à la dignité spécifique, de nature religieuse, de la personne de l'empereur. Cette dignité particulière était notamment affirmée par le droit romain[1], mais se fondait aussi sur la tradition de la monarchie sacrée franque ; enfin, une certaine conception de la sacralité de l'empereur avait été élaborée à l'imitation de Byzance[2]. Le caractère sacré de l'empereur était rappelé lors du couronnement et du sacre. Les cérémonies qui se déroulaient à cette occasion avaient une portée hautement symbolique. Par le sacre, l'empereur devenait, conformément à l'étymologie[3], le « Christ du Seigneur ». Le sacre impérial fut considéré comme un véritable sacrement, présentant de fortes similitudes avec l'onction épiscopale et conférant à l'empereur un caractère sacerdotal nettement affirmé. La couronne impériale (conservée au trésor de la *Hofburg* à Vienne) était elle aussi riche d'enseignements sur la nature du pouvoir impérial. Ces enseignements étaient notamment traduits par la symbolique des nombres : la

---

1. R. Folz, *L'idée d'Empire, op. cit.*, p. 116.
2. *Ibid.*, p. 82.
3. En grec, *Khristos* signifie « oint ».

récurrence du nombre 8 mettait l'Empire en relation avec la Jérusalem céleste et en faisait la préfiguration du règne universel et éternel du Christ. La plaquette avant était ornée d'une opale blanche unique en son genre qui signalait la prééminence de l'empereur sur tous les rois[1]. C'est parce qu'un empereur sacré à l'instar d'un évêque pouvait tirer argument de son caractère quasi sacerdotal pour intervenir dans le gouvernement de l'Église qu'à partir de la querelle des investitures, la papauté s'efforça de rabaisser le sacre impérial et de lui dénier toute ressemblance avec un sacrement. Tout ce qui rappelait la consécration d'un évêque fut également abandonné et la position de l'empereur dans l'Église fut assimilée à celle d'un diacre. Lors de son couronnement, l'empereur était admis parmi les chanoines de Saint-Pierre, mais on pouvait à l'époque être chanoine sans être prêtre. Comme le fait observer Marc Bloch, il n'y avait pas, dans ce canonicat et dans ce diaconat, de grandes sources de prestige pour la monarchie impériale[2]. Sous le pontificat d'Innocent III fut élaborée une nouvelle liturgie du sacre impérial, qui fut utilisée pour la première fois pour Otton IV et ne variera plus jusqu'à Charles Quint, dernier empereur à recevoir la couronne des mains du pape.

Les efforts déployés par la papauté n'empêchèrent pas les empereurs de continuer à mettre l'accent sur le caractère sacré de leur mission et de leur personne. L'exemple le plus frappant est fourni par le messianisme impérial de Frédéric II[3]. Ce messianisme puisait à des sources multiples et était alimenté par une intense attente eschatologique découlant notamment de la diffusion des écrits (authentiques et apocryphes) de l'abbé calabrais Joachim de Flore (1135-1202). Pour Joachim de Flore, la fin des temps était proche ; ses disciples, reprenant des prophéties diffusées antérieurement, annoncèrent l'avènement d'un roi sauveur qui, secondé par un « pape angélique » rénoverait le monde et restaurerait la pureté originelle de l'Église. La référence à Adam et à l'empereur Auguste tenait une place centrale dans le messianisme de Frédéric II. Celui-ci était assimilé à Adam avant la Chute, avant que soit corrompue la nature presque angélique du premier homme. Adam au paradis, n'ayant pas connu le péché, porteur de l'image de Dieu, était soumis à la loi et maître de toute chose : en lui, on

---

1. R. Folz, L'idée d'Empire, op. cit., p. 84-85.
2. Marc Bloch, « L'Empire et l'idée d'Empire sous les Hohenstaufen », in : Mélanges historiques, Paris : SEVPEN, 1963, t. 1, p. 547.
3. Voir E. Kantorowicz, op. cit., p. 235-237 et 459-463.

vit une préfiguration de Frédéric II, expression de la perfection humaine. Comme la figure du premier homme renvoyait aussi au Christ, désigné à la suite de saint Paul comme le « nouvel Adam », le caractère messianique de Frédéric ressortait d'autant plus nettement. Ce messianisme fut particulièrement mis en valeur par le rapprochement entre Iési, ville natale de l'empereur, et Bethléem. L'empereur, porteur des traits d'Adam et du Christ, devait rénover le monde, rouvrir les portes du paradis et, en instaurant une nouvelle ère de paix et de justice, renouveler l'œuvre d'Auguste.

Ces spéculations doivent être comprises dans le contexte de la lutte sans merci que Frédéric II mena contre Grégoire IX et Innocent IV. Les papes, en proclamant que l'empereur était l'Antéchrist, appelaient de sa part une réaction à la mesure de l'accusation. En outre, tous ceux — et ils étaient nombreux — qui réprouvaient la conduite de la papauté, pouvaient voir en Frédéric II le souverain qui châtierait l'Église annoncé par la prophétie. Enfin, il ne faut pas perdre de vue certaines possibilités offertes par la propagande fondée sur les thèmes messianiques : le combat contre les villes lombardes, alliées du Pape, pouvait être présenté dans une perspective transcendant le plan politique et prendre le caractère d'une lutte pour le droit et la paix, menée contre des rebelles qui ne s'opposaient pas seulement à leur souverain, mais aussi à Dieu.

C. Dimension eschatologique de l'Empire

L'un des éléments contribuant le plus à l'élévation du prestige de l'Empire était son insertion dans le schéma historique providentiel et l'affirmation de sa permanence jusqu'à la fin des temps. Cette affirmation découlait notamment du schéma des quatre Empires fondé sur l'interprétation du Livre de Daniel, mais elle avait aussi une racine dans un ensemble de prophéties largement diffusées à l'époque. Il convient de rappeler que l'extraordinaire diffusion de ces prophéties fut grandement favorisée par des représentations qui voyaient dans l'histoire le cadre de la réalisation du dessein divin et qui tablaient, conformément à l'interprétation de certains passages bibliques, sur un temps historique assez bref. On estimait couramment qu'entre la Création et l'Incarnation environ quatre mille ans s'étaient écoulés, et il était admis que le monde était vieux et ne tarderait pas à être détruit. De savants calculs tentaient de déterminer avec précision quand aurait lieu la consommation des temps. Dans ces conditions, affirmer que l'Empire durerait jusqu'à la fin du monde pouvait aussi signifier que sa destruction aurait lieu dans un avenir indéterminé, mais peut-être relativement proche.

L'Empire jouait dans ce contexte un double rôle. Il apparaissait comme un élément du plan divin. La paix assurée par le règne d'Auguste avait permis la venue du Sauveur, et Son retour en gloire, la Parousie, serait pareillement préparée par l'action des empereurs, renouvelant celle d'Auguste. D'autre part, il y avait généralement accord sur le fait que la fin des temps serait précédée par la venue de l'Antéchrist annoncée (entre autres) dans l'Apocalypse : or tant que l'Empire durerait, l'Antéchrist n'apparaîtrait pas.

La tradition prophétique concernant l'« empereur des derniers jours » remonte essentiellement à un ensemble de textes nommé les *Sibylles chrétiennes*. Le plus ancien de ces textes, la *Sibylle tiburtine*, date du IVe siècle. La *Tiburtine* prophétise la prise et le saccage de Rome, mais aussi le rétablissement de l'unité de l'Empire par un empereur grec, nommé Constans. À la fin de son règne, Constans devait se rendre à Jérusalem et remettre le pouvoir impérial à Dieu. Puis l'Antéchrist tenterait les faibles et persécuterait les justes avant d'être anéanti. Une prophétie similaire, adaptée à des conditions historiques différentes, figure dans un écrit faussement attribué à Méthode, évêque de Tyr et d'Olympe : le *Pseudo-Méthode* date de la fin du VIIe siècle et fut rédigé sous l'influence des invasions musulmanes. Il y est également question d'un empereur que l'on avait cru mort, qui réapparaît et vainc les envahisseurs avant de se rendre à Jérusalem et de remettre à Dieu sa couronne. Dans le *Pseudo-Méthode* aussi, cet acte précède la venue, puis l'anéantissement de l'Antéchrist. La diffusion de ces prophéties en Europe occidentale est attestée par le traité sur l'Antéchrist (*De ortu et tempore Antichristi*), rédigé vers 980 par Adson, abbé de Montier-en-Der. Pour Adson, l'« empereur des derniers jours » ne sera plus un Grec, mais un Franc, successeur de Charlemagne. Ultérieurement, certaines attentes se cristallisèrent non sur un successeur de Charlemagne, mais sur le retour de Charlemagne (*Carolus redivivus*), dont on affirmait qu'il n'était pas mort, mais qu'il avait disparu lors d'un pèlerinage en Terre sainte[1].

---

1. Voir Jean Delumeau, *Mille ans de bonheur*, Paris : Fayard, 1995, p. 33-97.

Un témoignage littéraire particulièrement remarquable de cette inflexion de l'idéologie impériale est le *Jeu de l'Antéchrist* (*Ludus de Antechristo*), rédigé sans doute vers 1160 par un moine de l'abbaye bavaroise de Tegernsee. Deux idées majeures s'expriment dans cette œuvre : la prééminence de l'empereur (qui est aussi le roi d'Allemagne) sur les rois et le lien établi entre l'Empire et le schéma historique providentiel. La première partie de l'œuvre traite de relations politiques. On voit l'empereur exiger le renouvellement de l'hommage que lui doivent les rois, vassaux de l'Empire : le roi de France rejette cette demande avec orgueil avant d'être vaincu par les armes et contraint à la soumission. Le choix de la France n'est évidemment pas fortuit : les Capétiens n'avaient jamais reconnu à l'empereur qu'une vague préséance mais avaient toujours rejeté énergiquement toute forme de dépendance vis-à-vis de l'Empire. Le moine de Tegernsee restitue, au moins dans le cadre littéraire, l'ordre normal du monde : l'empereur est le souverain des « rois particuliers » (*reges singuli*). Il est intéressant de remarquer que l'insubordination du roi de France trouve son équivalent dans celle du roi de Babylone, représentant du paganisme : la rébellion contre l'empereur est incompatible avec le christianisme. Après avoir vaincu le roi de Babylone, l'empereur se rend à Jérusalem, dans le Temple. Là, après avoir prié, il dépose sur l'autel son sceptre, sa couronne et le globe impérial (*Reichsapfel*). Conformément à la prophétie, cet acte précède immédiatement la venue, puis la défaite de l'Antéchrist.

L'un des avatars du mythe du *Carolus redivivus* réapparut en relation avec Frédéric Ier et Frédéric II. La mort de Frédéric Ier au cours de la IIIe croisade donna naissance à une légende extrêmement diffusée en Allemagne : celle de l'empereur caché, qui dort dans la montagne du Kyffhäuser en Thuringe, et qui réapparaîtra lorsque les temps seront venus pour rendre à son peuple sa grandeur et sa gloire. Initialement, la légende concernait Frédéric II, mais un transfert s'opéra et c'est le retour de Barberousse qu'annoncèrent les prophéties à partir du XVIe siècle. Le prénom des deux empereurs joua sans doute un rôle important. *Friedrich* signifie en allemand « celui qui est fort dans la paix » et renvoie donc à l'une des caractéristiques de l'« empereur des derniers jours » : il serait le *rex pacificus* (roi pacifique) établissant, comme Auguste, la paix dans le monde. Certains milieux, influencés par Joachim de Flore, interprétèrent d'ailleurs dans un sens favorable les démêlés de Frédéric II avec Rome :

l'« empereur des derniers jours » annoncé par la prophétie ferait subir à l'Église un châtiment sévère pour ses fautes, la ramènerait à la pauvreté évangélique et la dépouillerait de sa puissance temporelle. Le Staufen se fit l'apôtre de ce retour à l'évangélisme et se rallia ainsi d'utiles auxiliaires en flattant les aspirations de certains milieux dévots[1].

D. La tradition carolingienne et l'inflexion nationale de l'idée impériale

L'une des sources d'inspiration de l'idéologie impériale au XIIe siècle est la tradition carolingienne et le souvenir du règne et de l'action de Charlemagne[2]. C'est surtout Frédéric Barberousse qui se référa avec prédilection à Charlemagne : il se considéra comme le « nouveau Charlemagne » et fut le promoteur d'un culte impérial enveloppant aussi bien l'institution que son chef. La propagande du Staufen fut particulièrement active. Elle appliqua à Frédéric Ier des titres qui avaient été portés par Charlemagne, le célébra comme le « maître du monde » et mit sur le même plan les exploits guerriers accomplis par les deux empereurs. Ceci permettait de revendiquer pour l'empereur une place au-dessus des rois : dans l'entourage de Frédéric, on qualifiait volontiers ceux-ci de « *reguli* » (roitelets) ou de « *provinciarum reges* » (rois régnant sur une province). Pour affirmer le lien entre Barberousse et Charlemagne, plusieurs auteurs se lancèrent même dans des spéculations généalogiques et tentèrent d'établir qu'un lien de sang liait les Staufen aux Carolingiens. La glorification de Charlemagne, qui éclate dans de nombreux textes de l'époque (notamment chez un auteur anonyme désigné comme l'*Archipoeta*), est destinée à rejaillir sur Frédéric Ier. En 1165, Frédéric Ier obtint la canonisation de l'empereur à la barbe fleurie, canonisation contestée, il est vrai, puisqu'elle fut prononcée par l'antipape Pascal III. Avec saint Charlemagne, l'Empire avait désormais un saint tutélaire. L'empereur Henri II, canonisé en 1146, aurait pu jouer ce rôle, mais cet homme très pieux, sous le règne duquel l'autorité impériale fut en repli, correspondait mal aux intentions essentiellement politiques de Barberousse. Ces intentions concernaient la politique intérieure : un saint propre à l'Empire (il

---

[1]. M. Bloch, *op. cit.*, t. 1, p. 557.
[2]. Voir Robert Folz, *Le Souvenir et la Légende de Charlemagne dans l'Empire germanique médiéval*, Paris : Les Belles Lettres, 1950, *passim*.

serait encore prématuré de parler d'un saint « national ») constituait une figure identificatrice et un facteur d'unité, qui ne pouvait que conduire à une solidarisation autour de Frédéric Ier, « nouveau Charlemagne ». D'autre part, le royaume de France était lui aussi en train de réaffirmer sa tradition carolingienne. La canonisation de Charlemagne par Frédéric Ier visait aussi à proclamer le monopole allemand et impérial sur la figure de Charlemagne.

La réactivation de l'héritage franc eut des répercussions importantes sur l'idée impériale. Sous Frédéric Ier apparaît par exemple le terme d'*Imperium Teutonicorum* (Empire des Allemands). Ceci correspondait à un rééquilibrage de l'Empire vers le Nord : c'est d'Aix-la-Chapelle, magnifié par le souvenir et le culte de saint Charlemagne, que devait rayonner l'idée impériale. Et, comme le fait observer Robert Folz, de la notion de Francs on passe très rapidement à celle d'Allemands. Les souvenirs carolingiens sont une manifestation d'amour-propre ethnique, susceptible, en des circonstances favorables, d'évoluer vers un sentiment national[1].

Le règne de Frédéric Ier marque une très intéressante tentative de synthèse entre les dimensions romaine et franque de l'idée d'Empire. Mais il s'agit là d'une période de relatif équilibre que ses successeurs immédiats seront moins attentifs à respecter.

E. Empire romain et royauté allemande

Les relations entre une dignité impériale expressément référée à Rome et une royauté initialement franque, puis allemande, sont d'une grande complexité et n'ont jamais été clairement définies. Pourtant, il s'agit d'un problème essentiel, dont on ne peut sous-estimer les répercussions sur le cours de l'histoire allemande. On note en effet une tendance très nette à la « romanisation » de la royauté allemande. Ce mouvement est par exemple observable sous le règne du premier Staufen. Conrad III fut le premier roi allemand depuis Otton Ier à ne pas recevoir la couronne impériale. Cela ne l'empêcha pas d'user de titres dont le choix est révélateur. Conrad III se qualifia de « roi des Romains » ; ce titre avait déjà été utilisé par Henri V avant son couronnement impérial, mais Conrad III en fit un usage systématique, précisé par le recours à la formule *semper augustus*, qui faisait partie de la titulature impériale. Les intentions qu'il poursuivait étaient

---

1. R. Folz, *L'idée d'Empire, op. cit.*, p. 113-114.

claires. Contre la tradition inaugurée par Grégoire VII, il affirmait que l'élection par les princes allemands suffisait à conférer des droits impériaux, c'est-à-dire la royauté en Italie et en Bourgogne ainsi que l'avouerie de l'Église romaine. Cela signifiait aussi que le couronnement impérial n'était en aucune manière un acte constitutif, mais une confirmation solennelle de droits déjà acquis. Dans la correspondance diplomatique avec Byzance, Conrad III fut qualifié d'« empereur des Romains », alors que l'empereur d'Orient était désigné comme « empereur de Constantinople » (en 1142), voire comme « roi de Grèce » (en 1145). On ne pouvait plus nettement affirmer que seul l'Empire occidental était l'héritier de Rome, et donc l'Empire légitime[1].

Au moment même où on commence à parler du *regnum Teutonicum*, Conrad III met en avant la romanité de sa dignité. Il y a une forme d'absorption de la dignité royale allemande par l'idée impériale romaine et cette absorption est d'autant plus remarquable que l'époque vit naître ce qu'on pourrait appeler un sentiment national allemand fondé sur la conscience de l'existence d'une communauté distincte et la fierté d'appartenir à celle-ci. Le *Ludus de Antechristo*, qui vante les qualités militaires des Allemands, est un signe très net. Mais, comme le signale Francis Rapp, ce sentiment national s'alimentait aussi à l'idée impériale : ce qui cimentait l'unité de ce peuple, c'était la conscience que l'Empire était sa mission et son honneur[2]. La progression de l'emploi de la langue allemande dans le domaine politique à partir de la fin du Moyen-Âge fut sans doute un facteur contribuant à la confusion des notions : alors que le latin permet de distinguer nettement entre *imperium* et *regnum*, l'allemand, qui parle de *Reich* pour un royaume ou un Empire, favorise toutes les ambiguïtés[3].

Les relations entre l'Empire et la royauté allemande eurent d'importantes répercussions sur le mode de transmission de la couronne. Le lien avec l'Empire empêcha sans doute la couronne allemande de devenir héréditaire et de suivre l'évolution qui eut lieu en France ou en Angleterre. Il existait une tradition, héritée de l'Antiquité, qui plaidait en faveur du caractère électif de la dignité impériale : les Césars avaient été proclamés empereurs par leurs armées à la suite d'une victoire éclatante, et cette

---

1. B. Töpfer et E. Engel, *op. cit.*, p. 38.
2. F. Rapp, *Le Saint Empire romain germanique, op. cit.*, p. 213.
3. Peter Moraw, *Von offener Verfassung zu gestalteter Dichtung. Das Reich im späten Mittelalter 1250 bis 1490*, Berlin : Propyläen, 1985, p. 151.

proclamation devait être légitimée par le Sénat. Les électeurs des souverains du Saint-Empire se présentaient volontiers comme les héritiers du Sénat de la Rome antique : historiquement, l'affirmation était dénuée de fondement, mais elle témoigne remarquablement du pouvoir de légitimation que possédait l'inscription dans la tradition impériale[1].

---

1. M. Bloch, *op. cit.*, t. 1, p. 537.

Chapitre III

LE SAINT-EMPIRE ENTRE LE GRAND INTERRÈGNE ET L'ÉPOQUE DES RÉFORMES

I. Les nouvelles conditions politiques

On a longtemps considéré qu'en 1250, avec la disparition de Frédéric II, commençaient pour l'Empire des temps de déclin irréversible et que ce qui subsisterait jusqu'en 1806 ne serait plus qu'une ombre. À la fin du XIXe siècle, l'historien anglais James Bryce écrivait : « Avec Frédéric tomba l'Empire. À la catastrophe qui accabla la plus illustre de ses maisons royales, il échappa, vivant encore et destiné à une longue vie, mais si ébranlé, si paralysé, si dégradé, qu'il ne put jamais redevenir pour l'Europe et pour l'Allemagne ce qu'il avait été jadis »[1]. Ce jugement contient une part de vérité : l'Empire ne recouvrera plus le rayonnement qui fut le sien sous les Ottoniens, les Saliens et les Staufen. Mais il faudra montrer que son rôle, tant pour l'Allemagne que pour l'ensemble de l'Europe, était loin d'être devenu négligeable et que les hommes ou les circonstances pouvaient lui rendre une partie au moins de son lustre d'antan. Et, même si on assiste à un effacement relatif de l'Empire sur le plan des réalités politiques, l'idée d'Empire conserve sa richesse et sa vigueur et continue de cristalliser des espérances et des attentes. Celles-ci tendront à s'exprimer d'autant plus vigoureusement qu'elles seront démenties par les réalités politiques.

Avec la mort de Frédéric II commence une époque connue sous le nom de « Grand Interrègne », qui dura pendant près d'un quart de siècle. Le terme d'« Interrègne » induit en erreur en suggérant l'idée d'une vacance prolongée de la dignité royale en Allemagne : il n'en fut rien, et l'époque vit au contraire pléthore de rois et d'antirois. Ce sont certains partisans des Habsbourg, désireux de rattacher directement cette dynastie aux Staufen,

---

1. James Bryce, *Le Saint Empire romain germanique et l'actuel Empire d'Allemagne*, trad. par E. Domergue, Paris : A. Colin, 1890, p. 273-274.

ainsi que les historiens du XIXe siècle, qui raisonnaient en termes de pouvoir, qui imposèrent une approche négative de cette période[1]. Les Staufen avaient réussi à faire prévaloir le principe héréditaire ; leur disparition permit la réaffirmation du principe électif, qui fut poussé, faute de formalisation juridique, jusqu'à l'anarchie. La royauté allemande fut en effet livrée à des antirois, élus par quelques princes ; ces souverains de légitimité douteuse étaient de surcroît souvent des étrangers, dont l'un (Alphonse de Castille) ne mit jamais les pieds en Allemagne. Ils restèrent des jouets entre les mains de ceux qui les avaient élus, et pour tenter de tenir un rôle politique, ils étaient contraints de monnayer des alliances : ainsi disparut l'essentiel de ce qui restait en fait de droits régaliens et de biens de la couronne, aliénés pour assurer la fidélité de quelques partisans. Les souverains des époques suivantes tenteront, sans grand succès, d'annuler ces aliénations. Cette période troublée vit également la disparition de la base sociale sur laquelle les Staufen avaient assis leur pouvoir et leur influence : les ministériaux ne furent pas les derniers à usurper des fractions du domaine royal et ils furent nombreux à passer au service des princes territoriaux. Le prestige de la dignité impériale fut fortement mis à mal : entre 1250 et 1308, aucun roi d'Allemagne ne fut couronné empereur (les Allemands parlent de *kaiserlose Zeit*), ce qui témoigne bien de la modestie des ambitions et des possibilités politiques des souverains du Grand Interrègne. Cette époque de grand abaissement porta pourtant en germe des éléments susceptibles de favoriser une restauration politique. On mentionnera l'accroissement du rôle des villes, dont certaines s'émancipèrent de la tutelle de leur seigneur. On distingue les « villes d'Empire » (*Reichsstädte*) comme Francfort-sur-le-Main ou Nuremberg, qui sont issues du domaine royal, et les « villes libres » (*Freie Städte*) comme Cologne, Magdebourg ou Strasbourg, qui étaient initialement soumises à un évêque, mais qui arrivèrent à se soustraire à l'autorité politique de celui-ci. Ultérieurement, cette distinction tendit d'ailleurs à s'estomper. Pour lutter contre le développement des guerres privées (*Fehden*), 70 villes constituèrent en 1254 une grande union suprarégionale, la Ligue rhénane. Pendant le Grand Interrègne, on voit également se mettre en place une institution promise à un grand avenir, le groupe des sept princes-électeurs qui seraient désormais seuls habilités à élire le roi d'Allemagne. Il y a là, sur la

---

1. P. Moraw, *op. cit.*, p. 202.

base d'une coutume, l'établissement d'une institution qui sera définitivement fixée par la Bulle d'Or de 1356. On voit apparaître le groupe des sept électeurs pour la première fois en 1257. Il est assez piquant que cette apparition ait eu lieu dans le cadre d'une double élection, c'est-à-dire d'un incident que la Bulle d'Or visera justement à rendre impossible. Les archevêques de Mayence et de Cologne ainsi que le comte palatin du Rhin élurent Richard de Cornouailles, pendant que l'archevêque de Trèves, le duc de Saxe et le margrave de Brandebourg désignaient Alphonse de Castille. Quant à Ottokar II, roi de Bohême, il participa aux deux élections et donna sa voix successivement aux deux candidats ! La période du Grand Interrègne vit d'autre part le début du mouvement qui devait conduire à l'indépendance des Cantons helvétiques (qui ne sera officiellement acquise qu'en 1648).

En 1272 mourut l'un des antirois, Richard de Cornouailles. Charles d'Anjou, roi de Sicile (qui fit exécuter Conradin, le petit-fils de Frédéric II), pensa que l'heure était venue de présenter une candidature française et il prit des contacts avec Rome en vue de l'élection de son neveu, Philippe III, roi de France. Il n'en fallut pas davantage pour que les sept électeurs se mettent d'accord pour élever sur le trône un personnage dont les descendants (mais pas les descendants immédiats !) régneraient sur l'Empire pendant plusieurs siècles : Rodolphe de Habsbourg.

II. Les « élections sautantes »

La légende a fait de Rodolphe Ier le « pauvre comte de Habsbourg », mais ceci ne correspond pas exactement à la réalité. Certes, Rodolphe de Habsbourg était de fortune modeste si on compare ses biens à ceux qu'avaient possédés les Ottoniens, les Saliens et les Staufen. Mais ses ancêtres avaient constitué, dans la Suisse actuelle, dans le sud de l'Alsace et dans le Brisgau un ensemble de possessions qui était loin d'être négligeable. On peut quand même penser que cette relative modestie de moyens favorisa l'élection de Rodolphe, que ses électeurs espéraient maintenir dans leur dépendance politique. D'autre part, Rodolphe avait été un partisan déterminé des Staufen dont la clientèle se rallia largement à sa cause. D'ailleurs, son programme politique se plaçait dans la continuité de l'action des Staufen.

Ce programme visait prioritairement à la restauration de l'autorité royale. En 1274, à l'occasion d'une Diète réunie à Nuremberg, Rodolphe refusa de renouveler tous les privilèges concédés depuis 1245, c'est-à-dire depuis la déposition de Frédéric II ; tous les droits régaliens et les biens de la couronne aliénés pendant cette période devaient être restitués. Toute nouvelle aliénation devait être acceptée par la majorité des princes-électeurs. Cette politique produisit certains résultats, et Rodolphe Ier réussit notamment à briser la résistance du plus puissant parmi ses vassaux : Ottokar II, roi de Bohême. Richard de Cornouailles lui avait donné en fief l'Autriche et la Styrie (1262). Ces possessions avaient encore été accrues par la conquête de la Carinthie et de la Carniole (1269). En Allemagne, Ottokar avait une position quasi royale, ce qui lui permit de défier Rodolphe Ier, à l'élection de qui il n'avait d'ailleurs pas participé. Il refusa à Rodolphe l'hommage pour les fiefs d'Empire qu'il détenait et fut mis au ban de l'Empire : le 26 août 1278, il fut vaincu et tué à la bataille de Dürnkrut. Son fils Wenceslas ne put conserver que la Bohême ; Rodolphe retint les pays alpins. En 1282, il inféoda l'Autriche et la Styrie à ses fils Albert et Rodolphe. Nous voyons là se dessiner une politique qui reprend une tentative déjà esquissée par Frédéric II : fonder le pouvoir royal sur des possessions patrimoniales (*Hausmacht*). Les droits régaliens et le domaine royal, amputés et cédés en gage, n'offraient plus une base suffisante pour une action politique : l'efficacité de celle-ci serait désormais fonction des revenus offerts au souverain par ses biens propres. La signification de cette donnée serait, à partir de la fin du Moyen-Âge, considérablement renforcée par les besoins financiers croissants occasionnés par l'exercice du pouvoir royal. Le développement de l'administration, de l'armée et de la cour amènerait les souverains à tenter d'accroître leurs ressources financières. Cette évolution devait avoir des conséquences non négligeables. Tout d'abord, les possessions patrimoniales seraient soigneusement distinguées des biens de la couronne. De ce fait, les souverains furent rapidement amenés à jouer deux rôles, souvent difficilement compatibles : celui de roi, chargé de faire respecter les prérogatives du pouvoir central, et celui de prince territorial, résistant aux empiétements du pouvoir central. Et dans beaucoup de cas, on le verra, priorité fut donnée au développement des possessions patrimoniales. Chaque changement de dynastie (et ce cas de figure devint, pour près d'un siècle, la règle lors de chaque vacance du trône) posait de ce fait des problèmes d'un type particulier. Le nouveau roi ne recevait, ès qualités, guère de moyens pour mener une politique et était ainsi amené à tenter de constituer (ou de développer) une *Hausmacht*. Mais face à lui, il trouvait les héritiers de l'ancienne dynastie, forts de leurs possessions patrimoniales, qui se révélaient donc être des concurrents redoutables.

Pendant près d'un siècle les électeurs choisirent systématiquement le souverain dans une maison différente, de manière à maintenir la royauté dans la plus grande faiblesse possible : c'est là le procédé des « élections sautantes » (*springende Wahlen*). L'un des exemples les plus nets de l'application de ce procédé fut observable à la fin du règne de Rodolphe Ier. On relève, sous ce souverain, un certain renforcement du pouvoir royal, doublé par la constitution d'une *Hausmacht*. Or Rodolphe Ier connut un échec retentissant : il ne put assurer sa succession à son fils Albert. À sa mort, en 1291, le choix des électeurs se porta sur Adolphe de Nassau, que ne recommandait finalement qu'une chose : la modestie des moyens dont il disposait. Mais le nouveau roi s'empressa de travailler à la constitution d'un domaine patrimonial en Thuringe, ce qui le fit entrer en conflit avec ceux qui l'avaient élu et qui le déposèrent, le 23 juin 1298. Cette initiative (sans doute totalement dénuée de fondement légal) mérite une brève remarque. Les princes-électeurs s'attribuaient le droit de déposer le souverain qu'ils avaient élu, droit revendiqué jusqu'alors par le pape ; il y avait là le germe d'un conflit entre le souverain pontife et les princes-électeurs. D'autre part, la déposition d'Adolphe de Nassau était un acte arbitraire, puisque le roi n'avait pas été excommunié ; il n'y avait donc pas de similitude réelle avec la procédure dont avait été victime Frédéric II en 1245. À la place d'Adolphe de Nassau, c'est Albert de Habsbourg, dont la candidature avait été rejetée en 1291, qui fut porté sur le trône allemand ; il finit assassiné par son neveu (Jean, dit le parricide) en 1308. L'élection qui s'ensuivit permit aux princes-électeurs d'élever à la royauté un prince issu d'une autre Maison : celle de Luxembourg. Henri VII de Luxembourg fut le premier roi d'Allemagne depuis Frédéric II à ceindre la couronne impériale (29 juin 1312). En 1310, Henri VII maria son fils Jean à la fille de Wenceslas II, roi de Bohême, mort en 1306. Jean (qui devait être tué à la bataille de Crécy en 1346) fut couronné roi de Bohême en 1311 : le centre du pouvoir de la Maison de Luxembourg était déplacé vers l'Est, à Prague. Cette appropriation, qui correspondait à un renforcement considérable des possessions patrimoniales des Luxembourg, permit aussi d'empêcher, pour deux siècles, toute expansion des Habsbourg vers la Bohême. Les fruits de cette politique devaient être récoltés par le fils de Jean de Bohême, empereur sous le nom de Charles IV. La fidélité au principe électif, contrairement à ce qui se passa par exemple en France où l'élection, devenue simple formalité, fut abandonnée dès le règne de Philippe Auguste, eut des répercussions majeures sur le fonctionnement de la monarchie allemande. Les époques postérieures ont volontiers considéré que ce fait concourut largement à l'affaiblissement du pouvoir central en Allemagne en rendant impossible la continuité politique favorisée par le principe dynastique. Les penseurs politiques de la fin du Moyen-Âge avaient une opinion différente. Le principe électif avait des partisans farouches, qui rejetaient avec énergie l'idée que le gouvernant puisse être désigné par une sorte de hasard, alors que des électeurs étaient à même de désigner l'homme le plus digne de conduire les destinées d'un royaume. De même, le principe électif éliminait les régences dues à la minorité de l'héritier du trône. Et nombreux étaient même ceux qui voyaient dans le caractère électif de la royauté allemande un privilège particulier : le choix des électeurs était envisagé comme la proclamation de la volonté divine. L'acte constitutionnel que constituait l'élection d'un roi était d'ailleurs un point de cristallisation pour la conscience nationale allemande. Enfin, les ruptures induites par les élections étaient moins profondes qu'il n'y paraissait : le nouveau roi s'empressait généralement de reprendre la politique de son prédécesseur, avec l'aide du personnel qui avait déjà servi celui-ci[1].

III. Charles IV et la Bulle d'Or de 1356

L'élection de Charles IV, le 11 juillet 1346, fit d'abord de lui un antiroi, opposé au Wittelsbach Louis IV, dont le règne (1314-1347) fut marqué par un grave conflit avec la papauté, en fait le dernier épisode sérieux de la lutte séculaire entre l'Empire et le Sacerdoce. Louis IV avait d'ailleurs reçu la couronne impériale des mains d'un représentant du peuple romain, Sciarra Colonna, puis de l'antipape Nicolas V. Le conflit opposant Louis IV au pape Jean XXII montra une évolution très nette des mentalités : l'« opinion publique » allemande (dans la mesure où ce terme quelque peu anachronique peut être utilisé pour le XIVe siècle) et les princes firent bloc

---

1. P. Moraw, *op. cit.*, p. 158.

derrière le roi. Au cours de cet affrontement furent promulgués plusieurs textes rejetant les prétentions pontificales. Le 16 juin 1338, les princes-électeurs réunis à Rhens (non loin de Coblence) rédigèrent un rapport de droit (*Weistum*) posant que l'élection faisait le roi : cela éliminait toute approbation ou confirmation par le pape. Louis IV publia peu après (6 août 1338) la constitution *Licet iuris* qui affirmait que l'empereur tenait son pouvoir immédiatement de Dieu et que l'élection faisait l'empereur (il n'était plus seulement question du roi). L'échec de Louis, déposé le 11 juillet 1346, s'explique davantage par des problèmes de politique intérieure que par ses difficiles relations avec la papauté.

Le nom de Charles IV est resté attaché à la promulgation d'un texte qui resta l'une des lois fondamentales de l'Empire jusqu'en 1806 : la Bulle d'Or. L'importance du texte est telle que deux Diètes furent nécessaires pour mener à bien son élaboration : la première partie (les chapitres 1 à 23) fut promulguée à Nuremberg le 10 janvier 1356, la deuxième (chapitres 24 à 31) vit le jour à Metz, à Noël de la même année. Ce document fixa notamment les modalités de l'élection du roi des Romains. Le caractère électif de la royauté allemande reçut sa sanction juridique et ne fut plus remis en question jusqu'en 1806. Par contre, une nouveauté importante fut introduite : le principe de majorité. Il suffirait de quatre voix pour que l'élection fût acquise, et il était prévu qu'un prince-électeur, candidat au trône royal, pût voter pour lui-même ; il lui suffirait donc de trois voix (en plus de la sienne) pour être élu.

L'un des intérêts de la Bulle d'Or résidait également dans ce dont elle ne parlait pas : il n'était nulle part question du droit à confirmer ou approuver le roi réclamé par le pape. Un point qui avait suscité d'âpres contestations depuis deux siècles et demi était purement et simplement passé sous silence. Le lien entre la royauté allemande et la dignité impériale était affirmé, puisque le roi élu était déclaré *in Imperatorem promovendus* (destiné à devenir empereur) ; cela tendait à faire du pape en quelque sorte l'exécutant de la volonté des princes-électeurs. Une autre revendication du pape était privée d'objet : celle de l'exercice du vicariat en cas de vacance du pouvoir royal. En effet, il était prévu que pendant les interrègnes, le comte palatin du Rhin (appelé aussi « électeur palatin ») et le duc de Saxe exerceraient le vicariat, respectivement pour les pays de droit franconien et de droit saxon.

La liste des sept princes-électeurs était fixée conformément à un usage déjà établi. Il y a beaucoup d'incertitudes quant aux raisons qui ont amené à restreindre à ces sept dignitaires (qui n'étaient pas les plus puissants du royaume) le droit de procéder à l'élection du roi. L'une des théories les plus fréquemment exposées met en relation les électeurs et les grands offices (*Erzämter*) du royaume allemand. Les trois archevêques de Mayence, Cologne et Trèves étaient respectivement chanceliers pour l'Allemagne, la Bourgogne et l'Italie ; le comte palatin du Rhin, le duc de Saxe, le margrave de Brandebourg et le roi de Bohême étaient respectivement sénéchal (*Erztruchseß*), connétable (*Erzmarschall*), chambrier (*Erzkämmerer*) et échanson (*Erzschenk*). Sans doute y a-t-il toujours eu entre les sept princes qui finirent par monopoliser la fonction électorale et la royauté une relation privilégiée, manifestée notamment par une participation régulière aux Diètes (*Hoftage*) convoquées par le souverain. La constitution du groupe se fit à un moment d'abaissement du pouvoir royal, ce qui rendait alors la fonction électorale peu prestigieuse, moins prestigieuse en tout cas qu'elle ne le deviendra au XVIIe siècle où elle fut l'enjeu de grandes rivalités : on a fait observer que ces princes n'auraient pu imposer leur monopole si celui-ci avait été contesté. Notons enfin que le groupe des électeurs ne tardera pas à s'imposer comme partenaire privilégié du pouvoir monarchique et à accumuler une influence et un prestige considérables. Mais entre le prestige conféré par la dignité électorale et la position des princes-électeurs dans la compétition qui les opposait aux autres princes, il y avait souvent une divergence très nette : cela est particulièrement sensible à propos de l'archevêque de Mayence, premier parmi les princes-électeurs selon le rang protocolaire, mais incapable de s'imposer sur le plan politique et militaire face à un voisin remuant comme le landgrave de Hesse.

La Bulle d'Or apportait des précisions visant à éliminer des rivalités au sein de certaines maisons princières dont plusieurs branches se disputaient la dignité électorale. Les Wittelsbach obtenaient une voix, qui reviendrait au comte palatin du Rhin (*Pfalzgraf am Rhein*), au détriment du duc de Bavière, qui avait pourtant participé à l'élection de 1273. Pour éviter la multiplication des conflits à l'intérieur d'une maison, les électorats (c'est-à-dire les territoires sur lesquels régnait un prince-électeur) furent déclarés indivisibles et devaient être transmis en ligne directe par primogéniture. En cas d'extinction de la lignée régnant sur un électorat, l'empereur pourrait disposer de celui-ci, sauf dans le cas de la Bohême où la désignation d'un nouveau roi appartenait à l'assemblée d'états (*Landstände*). Si l'on considère qu'à l'époque la pratique des secondogénitures était courante dans les territoires allemands, fréquemment divisés entre plusieurs héritiers, on voit le gain en terme de stabilité intérieure que la Bulle d'Or apportait aux électorats.

La Bulle d'Or, dans la mesure notamment où elle distendait les relations entre la royauté allemande et la papauté, était un facteur de « nationalisation » de l'Empire. Charles IV n'en manifesta pas moins sa volonté de conserver à l'Empire sa dimension supranationale. Cela apparaît notamment dans les clauses de la Bulle d'Or concernant les connaissances linguistiques des princes-électeurs. Il est précisé que le Saint-Empire romain regroupe des nations différentes par les mœurs, la vie et le langage et que les princes-électeurs devront veiller à faire instruire leurs héritiers également dans les langues italienne et tchèque de manière à ce qu'ils puissent comprendre tous les sujets de l'Empire et se faire comprendre d'eux. L'attachement de Charles IV au caractère supranational de l'Empire se manifesta aussi par la réaffirmation (au moins théorique) de sa souveraineté sur l'Italie et la Bourgogne : en route vers Rome, il se fit couronner roi d'Italie à Milan (6 janvier 1355), et dix ans plus tard, il reçut en Arles la couronne bourguignonne. Il devait être le dernier empereur à ceindre cette couronne. Deux ans auparavant, il avait détaché la Savoie et Genève de la Bourgogne et les avait incorporés au royaume d'Allemagne.

La Bulle d'Or conférait des privilèges considérables aux princes-électeurs, élevés au-dessus des autres princes. Toute atteinte à leur personne tombait sous le coup du crime de lèse-majesté. Ils étaient également libérés des taxes féodales que payaient tous les vassaux du roi lors de leur investiture. Enfin, leur indépendance judiciaire était presque totale : ils jouissaient des privilèges *de non evocando* (les justiciables ne pouvaient être cités devant un tribunal étranger) et *de non appellando* (on ne pouvait interjeter appel de leurs sentences, sauf en cas de déni de justice).

La promulgation de la Bulle d'Or est considérée comme un repère majeur dans l'histoire du Saint-Empire. Certes, dans une très large mesure, ce texte ne fait que conférer une caution juridique à des usages déjà en cours précédemment. Des précisions concernant certains points devaient empêcher les doubles élections, dont les conséquences avaient toujours été catastrophiques. Charles IV, en promulguant solennellement la Bulle d'Or, avait réaffirmé son pouvoir impérial de législateur. Mais on constate que sa démarche n'était pas exempte d'arrière-pensées politiques[1]. Tout d'abord, la fixation de la liste des princes-électeurs avait permis d'éliminer des rivaux de la Maison de Luxembourg : les Wittelsbach de Bavière et les Habsbourg d'Autriche. D'autre part, la Bulle d'Or, en donnant une sanction juridique au principe électif, semblait de nature à prolonger l'époque des « élections sautantes ». Or, c'est exactement le contraire qui se produisit, et c'est sans doute ce qu'attendait Charles IV : les princes-électeurs, n'ayant plus à craindre de se voir déposséder de leur prérogative (qui n'était pas seulement honorifique, mais monnayable sous forme financière ou politique), n'eurent plus de raison de manifester une opposition de principe à la continuité dynastique. D'ailleurs Charles IV put faire élire son fils Wenceslas roi des Romains en 1376. La Bulle d'Or devait affirmer le pouvoir de la Maison de Luxembourg et jouer contre les Habsbourg : il est bien entendu assez piquant de voir qu'à long terme, ce furent les Habsbourg qui récupérèrent les fruits de l'œuvre de Charles IV.

La Bulle d'Or sanctionna une évolution qui se dessinait depuis la chute des Staufen : le gouvernement du royaume n'était plus du ressort exclusif du souverain. Le groupe des princes-électeurs s'imposa comme instance habilitée à participer au gouvernement et légitimée à agir au nom de l'Empire lorsque le souverain était faible ou absent. Très rapidement, le prestige des princes-électeurs s'affirma : ils étaient, avec le roi, l'une des instances constitutionnelles du royaume. Un signe très net de ce prestige et de cette influence est la tendance à reculer dans le passé l'institution des princes-électeurs : on attribua celle-ci à Charlemagne, au pape Grégoire V ou à Otton III[2]. Dans un premier temps, la participation aux affaires du royaume fut réservée aux princes-électeurs, dont les droits et privilèges étaient inscrits dans la Bulle d'Or. Mais cette participation ne devait pas tarder à s'élargir aux princes d'Empire, fondant ainsi le dualisme qui caractérisera la constitution du Saint-Empire[3].

---

1. Francis Rapp, *Les origines médiévales de l'Allemagne moderne. De Charles IV à Charles Quint (1346-1519)*, Paris : Aubier, 1989, p. 37.
2. P. Moraw, *op. cit.*, p. 159.
3. Heinz Angermeier, *Die Reichsreform 1410-1555. Die Staatsproblematik in Deutschland zwischen Mittelalter und Gegenwart*, München : Beck, 1984, p. 34.

L'œuvre de Charles IV resta imparfaite à bien des égards. Charles IV sut apporter une réponse à la question de la succession royale, mais à sa mort, bien des problèmes graves restaient en suspens. La réorganisation administrative du royaume ne fut pas entreprise, pas davantage que la mise sur pied d'une armée. En outre, le problème de la paix publique, de la lutte contre les guerres privées se posait avec acuité. L'empereur était incapable de faire exécuter les sentences à l'encontre des perturbateurs et devait s'en remettre à des alliances régionales (*Einungen*) dont il favorisait la naissance, mais qu'il ne pouvait soutenir efficacement. À l'origine de ces difficultés, il y avait essentiellement l'insuffisance des moyens financiers. Les recettes que Charles IV tirait d'Allemagne étaient inférieures à 150 000 florins, au moment où celles que le roi de France tirait de son royaume dépassaient les deux millions et demi de florins. L'urgence des besoins financiers réduisait d'ailleurs singulièrement la portée de l'entreprise de reconstitution du domaine royal menée depuis Rodolphe Ier. Car les biens et les droits récupérés étaient généralement immédiatement engagés afin de faire face aux besoins les plus criants. On a calculé que pour récupérer les biens de la couronne donnés en gage par lui-même ou ses prédécesseurs, Charles IV aurait dû trouver une somme représentant soixante-dix fois ses revenus annuels[1].

Le règne de Charles IV vit incontestablement la dignité impériale reprendre une partie du lustre que lui avaient fait perdre le Grand Interrègne et la période des « élections sautantes ». Mais cette restauration avait été prioritairement l'effet de l'habileté diplomatique de l'empereur qui avait su mettre en place des équilibres subtils et profiter des difficultés de ses adversaires. Charles IV, qui était très attaché à la continuité dynastique, remporta d'ailleurs une grande victoire en obtenant l'élection comme roi des Romains de son fils aîné Wenceslas (1378). Une telle élection ne s'était pas vue depuis l'époque de Frédéric II ! Cette victoire faillit d'ailleurs entraîner une crise avec la papauté. Wenceslas fut couronné à Aix-la-Chapelle sans que le pape soit consulté : la Bulle d'Or ne faisait pas état du droit d'approbation et de confirmation réclamé par le Saint-Siège, mais la Curie n'entendait pas céder sur ce point. Le conflit fut finalement évité par la mort du pape Grégoire XI et le début du Grand Schisme.

---

1. F. Rapp, *Les origines médiévales de l'Allemagne moderne, op. cit.*, p. 53.

La fragilité de l'œuvre de Charles IV apparut nettement sous le règne de Wenceslas, que les princes-électeurs déposèrent en 1400. Après le règne, très difficile aussi, de Robert (Rupert) du Palatinat, les princes-électeurs portèrent leurs suffrages sur le deuxième fils de Charles IV, Sigismond. La manière dont Sigismond contribua à mettre fin au Grand Schisme lui permit de redonner consistance à la fonction impériale par le biais de l'une de ses composantes essentielles : l'avouerie de l'Église. De 1378 à 1417, la chrétienté occidentale fut déchirée en deux camps antagonistes, consécutivement à un incident finalement assez banal. En 1377, Grégoire XI quitta Avignon, où les papes résidaient depuis 1309 ; il décéda l'année suivante. Des circonstances complexes amenèrent l'élection de deux successeurs rivaux : Urbain VI, qui resta à Rome, et Clément VII, qui retourna en Avignon. Il y avait donc deux papes, et l'Europe se divisa en deux obédiences, les « urbanistes » (partisans d'Urbain VI : le Saint-Empire, l'Angleterre et la plus grande partie de l'Italie) et les « clémentistes » (partisans de Clément VII : la France, l'Espagne et le Portugal). Le schisme fut aggravé et prolongé par les élections, en 1389 et 1394, de successeurs aux deux papes rivaux. Un concile tenu à Pise en 1409 ne déboucha que sur l'élection d'un troisième pape. La chrétienté entière était confrontée au spectacle scandaleux de ces papes qui s'excommuniaient mutuellement et jetaient l'interdit sur les pays appartenant à l'obédience de leurs rivaux.

Sigismond avait participé à la bataille de Nicopolis (1396), au cours de laquelle une armée chrétienne avait été écrasée par les Turcs. Il avait tiré de cette expérience douloureuse la conviction de la nécessité de l'union des chrétiens pour faire face à ce péril dont il avait reconnu la gravité. D'autre part, Sigismond était également roi de Hongrie et savait que son royaume était gravement menacé. Mais le prolongement du schisme rendait illusoire tout plan de croisade. Cela amena Sigismond à agir en tant qu'avoué de l'Église, chargé d'œuvrer pour que l'unité des fidèles s'affirmât, en face de l'Islam et des païens. Des contacts furent même pris avec l'empereur d'Orient[1]. Usant du droit que certains canonistes lui reconnaissaient, il convoqua de sa propre autorité un concile à Constance. L'assemblée fut ouverte en décembre 1414 et fut clos en avril 1418 : le schisme avait pris fin. C'était là une incontestable victoire pour Sigismond

---

1. F. Rapp, *Les origines médiévales de l'Allemagne moderne, op. cit.*, p. 79.

qui n'avait pas ménagé ses efforts et qui put apparaître comme le chef de la chrétienté, profitant, il est vrai, de la situation très difficile que connaissaient à l'époque la papauté et la monarchie française.

IV. Le développement des territoires

Il est une opinion communément admise parmi les historiens : l'Empire ne deviendra jamais un État moderne, comparable à la France ou à l'Angleterre, mais cette évolution aura lieu au niveau inférieur constitué par ces entités qu'on appelle les territoires. Certains de ces territoires deviendront des « États territoriaux » (*Territorialstaaten*), avant d'accéder, pour un nombre réduit d'entre eux, à la pleine souveraineté en 1806. Ce sont les débuts de cette évolution qui seront retracés ici.

Des conditions politiques présentes dès les origines de l'histoire de l'Allemagne peuvent expliquer la vigueur du développement du pouvoir territorial. Ce qu'on appellera ultérieurement l'Allemagne est né sous la forme d'une fédération, et c'est aux chefs des duchés ethniques que les rois devaient leur pouvoir. Il y eut donc immédiatement une situation de concurrence des pouvoirs, notamment en matière de nomination des comtes et d'investiture des évêques[1].

L'affermissement du pouvoir territorial est pour une part lié à la réorganisation du royaume sur la base féodo-vassalique à l'époque des Staufen : les princes étaient les vassaux directs de l'empereur, situation qui perdurera d'ailleurs jusqu'à la dissolution du Saint-Empire, en 1806. On a longtemps pensé que le droit féodal allemand interdisait au roi de conserver des fiefs devenus vacants (*Leihezwang*), mais il s'agit là d'une erreur : dans certains cas, les rois conservèrent des fiefs. Mais là n'était pas toujours leur intérêt. Car la concession d'un fief établissait un lien très fort entre le vassal et son suzerain et donnait ainsi au roi un moyen de s'attacher la fidélité des Grands du royaume. Et l'inféodation permettait de déléguer des tâches administratives que le roi était incapable d'assumer. Mais la vassalité correspondait aussi à un renforcement de la position des princes, dans la mesure où le droit féodal protégeait les droits du vassal vis-à-vis du suzerain.

---

1. H. Boldt, *op. cit.*, t. 1, p. 69.

Le « pouvoir territorial » (*Landesherrschaft*) peut être considéré comme la forme achevée du pouvoir seigneurial. Dès l'époque de la querelle des investitures, les grands féodaux avaient commencé à développer leur pouvoir à partir d'une base double : un territoire plus ou moins étendu et des prérogatives judiciaires, notamment en matière de haute justice, celle qui concernait, au pénal, les crimes et délits punis de la peine capitale. S'ajoutait à cela l'élément essentiel qu'était la possession de droits régaliens, concédés par le roi ou purement et simplement usurpés : le droit de battre monnaie, d'établir des marchés, de percevoir des péages, d'exploiter des mines et des forêts. Cette cession de droits fut confirmée par les deux privilèges octroyés par Frédéric II aux princes : le *Pacte avec les princes ecclésiastiques* avec lequel il acheta en 1220 l'élection de son fils Henri (VII) et l'*Édit en faveur des princes* de 1232, destiné à apaiser l'opposition suscitée par la politique du jeune roi.

Un moment important fut la dislocation, à l'époque des Staufen, des duchés ethniques. Des unités de taille plus réduite furent constituées, et la féodalisation de l'Allemagne permit au roi de se subordonner directement ceux qu'on appellerait désormais les princes d'Empire (*Reichsfürsten*). La faiblesse de la royauté ne permit pas au pouvoir central de profiter de cette subordination qui resta largement théorique. Mais l'existence de ce lien de vassalité directe fut désormais le trait caractérisant la situation des princes d'Empire : ils jouissaient de l'« immédiateté d'Empire » (*Reichsunmittelbarkeit*), ils étaient « immédiats » (*Reichsunmittelbar*), et constituaient un écran entre le roi et leurs propres vassaux, qui ne relevaient que « médiatement » du souverain (*landsäßiger Adel*). La situation était sensiblement identique pour les villes : on distinguait entre les villes qui jouissaient de l'immédiateté d'Empire (villes libres et villes d'Empire), d'une part, et les villes soumises à l'autorité d'un prince (*Landesstädte*), d'autre part. En principe l'immédiateté d'Empire était la condition nécessaire (mais pas toujours suffisante) pour avoir le droit de siéger à la Diète d'Empire. Vis-à-vis du roi, les princes et les villes représentés à la Diète constituaient les « États de l'Empire » (*Reichsstände*).

Une particularité du Saint-Empire consistait dans l'existence de nombreuses principautés ecclésiastiques. Le prince ecclésiastique (*geistlicher Fürst*) pouvait être un archevêque, un évêque, le supérieur d'un monastère ou le grand-maître de l'ordre teutonique ou de Saint-Jean ; mais tous les évêchés et l'immense majorité des monastères n'étaient pas immédiats d'Empire. Contrairement aux principautés laïques (*weltliche Fürstentümer*), les principautés ecclésiastiques ignoraient la transmission héréditaire. Néanmoins, les principautés ecclésiastiques les plus prestigieuses et les plus riches étaient souvent réservées aux cadets des grandes Maisons princières. L'archevêché de Cologne fut ainsi monopolisé par les Wittelsbach de Bavière entre 1583 et 1763.

Le développement de la puissance des princes s'opéra dans deux directions, vers l'extérieur et vers l'intérieur. Chaque prince tentait d'augmenter la superficie du territoire sur lequel il régnait. Les défrichages et l'expansion vers l'Est (dont le pouvoir royal ne tira par contre aucun profit) furent des facteurs de renforcement importants. Les possibilités offertes par les conquêtes en pays slaves expliquent d'ailleurs une particularité de la carte politique de l'Allemagne à cette époque : dans les zones de peuplement ancien, notamment dans le sud-ouest du pays, les territoires étaient fortement morcelés, et c'est là aussi que se trouvaient la plupart des villes d'Empire ; dans les zones défrichées plus récemment ou conquises sur les Slaves, c'est-à-dire essentiellement au nord-est, la superficie des territoires était nettement plus importante.

Les princes se trouvaient, les uns vis-à-vis des autres, en situation de concurrence, les plus puissants tentant de s'étendre au détriment de leurs voisins : les principautés ecclésiastiques, dont les ressources politiques et militaires étaient faibles, étaient des victimes toutes désignées. Les territoires les plus importants réussirent à imposer une « médiatisation » de fait (c'est-à-dire la perte de l'immédiateté d'Empire) aux évêchés situés à l'intérieur de leurs frontières. La configuration des territoires était sujette à de fréquentes variations, dues notamment à des partages successoraux. Le principe de primogéniture ne s'imposa que très lentement, et même les électorats laïcs furent divisés, contrairement aux clauses de la Bulle d'Or de 1356.

Le renforcement de l'autorité territoriale n'allait pas sans susciter des résistances. Celles-ci venaient pour une part de la noblesse médiate, notamment des ministériaux assez puissants désormais pour s'opposer à leur suzerain. Plusieurs exemples de soulèvements de ministériaux, en Autriche ou en Saxe, sont attestés. L'un des instruments de domestication de cette basse noblesse très remuante, qui pratiquait volontiers la guerre privée, furent les ordonnances de paix publique. Après son retour de la IIe croisade, Frédéric Barberousse, qui n'était alors que duc de Souabe, fit pendre plusieurs ministériaux, coupables d'avoir succombé aux plaisirs de la *Fehde*.

Dans la plupart des territoires, la fin du Moyen-Âge vit les Ordres (*Stände*), c'est-à-dire les groupes auxquels la tradition ainsi que le poids social et économique assuraient une participation au gouvernement, s'organiser en assemblées d'états (*Landstände*). Les nobles et les villes jouaient un rôle essentiel dans ces assemblées où étaient également représentés le clergé et, dans certains cas seulement, les paysans. La participation de certains groupes sociaux au gouvernement avait été garantie par une ordonnance promulguée lors de la Diète de Worms en 1231, qui stipulait que les lois et les constitutions ne pourraient être modifiées sans l'accord des plus éminents parmi les sujets. En fait, les prérogatives des assemblées d'états furent essentiellement d'ordre fiscal : les princes ne pouvaient lever de nouveaux impôts sans l'accord des Ordres. La plupart des territoires allemands avaient ainsi une structure corporative, fondée sur le dualisme entre le prince et les Ordres. Ce dualisme délimitait une interaction qui était faite à la fois d'opposition et de collaboration. Les Ordres veillaient jalousement à leurs privilèges et constituaient ainsi un frein à la puissance princière ; mais dans de nombreux cas, ils furent aussi un facteur d'unité et de stabilisation, en s'opposant par exemple à des partages successoraux ou à des politiques aventureuses. Alors que les princes avaient encore fréquemment une conception patrimoniale de leur territoire, les Ordres furent plus attentifs au processus de constitution étatique[1].

Le développement du pouvoir territorial a été fréquemment expliqué par l'usurpation par les princes de droits régaliens, et beaucoup d'historiens, surtout au XIXe siècle, ont déploré cet affaiblissement du pouvoir royal. Peter Moraw envisage le problème sous un angle différent, qui fait apparaître le renforcement des territoires comme la conséquence finalement inévitable des conditions politiques propres à l'Allemagne[2]. Les rois d'Allemagne furent confrontés très tôt aux problèmes découlant de leur domination sur un espace immense, à une époque où la faiblesse des moyens politiques et administratifs ne permettait à un centre de pouvoir

---

1. Heinz Duchhardt, *Deutsche Verfassungsgeschichte 1495-1806*, Stuttgart-Berlin-Köln : W. Kohlhammer, 1991, p. 59-64.
2. P. Moraw, *op. cit.*, p. 186.

qu'un rayonnement sur une aire géographique restreinte et où l'exercice du pouvoir exigeait la présence du souverain. En Allemagne, le pouvoir royal ne put se passer de relais, qui furent d'abord les chefs des duchés ethniques, puis les princes. Le pouvoir territorial fut ainsi amené à se substituer au pouvoir royal défaillant et à assumer une partie des tâches qui incombaient à celui-ci, notamment en matière de justice et de maintien de la paix publique.

V. La réforme de l'Empire

Plusieurs facteurs firent apparaître avec force la nécessité d'une réforme des institutions de l'Empire : les guerres contre les Hussites, la menace turque, les bouleversements sociaux liés au développement d'une culture urbaine, la multiplication des guerres privées et le développement du brigandage. Une circonstance joua aussi un rôle important : depuis 1438, le trône royal était occupé par les membres d'une dynastie, les Habsbourg. Les importantes possessions patrimoniales des Habsbourg permettaient un renforcement de l'Empire, mais la convergence entre les intérêts de la *Hausmacht* et ceux de l'Empire était souvent difficile. Les souverains étaient absorbés par des tâches multiples, souvent absents d'Allemagne et enclins à mettre les ressources du royaume au service de leurs intérêts patrimoniaux et dynastiques : ce qui deviendrait manifeste sous le règne de Charles Quint était en fait déjà observable sous celui de Frédéric III et de Maximilien Ier.

Dès le début du XVe siècle, de nombreuses voix s'élevèrent pour réclamer des réformes. Et il est à noter qu'elles liaient régulièrement la réforme de l'Empire et celle de l'Église. Beaucoup d'écrits de l'époque témoignent du souci des contemporains face au déclin des deux institutions les plus prestigieuses de la chrétienté. Citons, parmi les plus connus, la *Concordance catholique* du cardinal Nicolas de Cues (1433) et surtout la très fameuse *Reformatio Sigismundi*, rédigée vers 1439 par un auteur anonyme, sans doute un ecclésiastique participant au concile de Bâle.

Ces écrits faisaient une place importante à un problème dont l'Allemagne souffrait depuis des siècles : l'existence des guerres privées (*Fehden*). Celles-ci étaient une prérogative de la noblesse qui y était très attachée pour des raisons de prestige. Cette pratique était évidemment favorisée par les insuffisances du système juridique, même s'il faut admettre que dans bien des cas, les guerres privées étaient de simples entreprises de brigandage. Les villes, atteintes dans leur activité économique par les attaques et les exactions, étaient particulièrement sensibles à cette insécurité. L'un des objectifs de la réforme de l'Empire était l'élimination des guerres privées et l'obligation du recours à la voie de droit. Ce qui posait la question de l'adaptation du système judiciaire et de l'application des sentences rendues par les tribunaux.

La question de la paix publique était au centre des débats, mais elle faisait fond sur un autre problème, concernant le rôle politique des États de l'Empire. Les États avaient su imposer leur participation à l'exercice du pouvoir et souhaitaient que leurs droits et privilèges soient fixés constitutionnellement. Les États de l'Empire avaient conscience d'une forte divergence entre leurs pouvoirs (qui étaient considérables) et leurs droits (qui étaient insuffisamment garantis). Il s'agissait dans ces conditions de créer les institutions (juridiques, administratives, militaires) susceptibles de mettre un terme à cette divergence. Le problème inverse se posait au niveau du pouvoir royal : le roi possédait des droits étendus, mais se voyait, par manque de moyens politiques, dans l'incapacité de les exercer. Les controverses majeures concernèrent la question des institutions qui devaient permettre soit d'accroître le pouvoir monarchique et de réduire celui des États ou bien de légitimer le pouvoir des États au détriment de celui du souverain[1]. Les débats concernant la réforme de l'Empire étaient placés sous le signe du dualisme entre l'empereur-roi et les États. Ceux-ci avaient des positions divergentes sur beaucoup de points, et ils devaient leur unité essentiellement au rôle joué par l'archevêque de Mayence Berthold de Henneberg.

Il y avait dans l'ensemble accord entre les rois et les États de l'Empire quant à la nécessité d'une réforme, qui permettrait aussi de déterminer nettement les compétences et les attributions de chaque partie ; mais les avis divergeaient fortement quant à la nature des mesures rendues nécessaires par la situation de l'Empire. Dans une large mesure, les négociations furent marquées par les besoins financiers de la royauté : les concessions politiques faites par Frédéric III, puis par Maximilien Ier s'expliquent pour une part (mais sans doute pas exclusivement) par les concessions financières des États de l'Empire. Ces concessions avaient d'autant plus de prix que Maximilien avait un besoin urgent de l'aide des États de l'Empire

---

1. H. Angermeier, *op. cit.*, p. 30.

pour sa politique européenne. Les tentatives de réforme de l'Empire furent menées par des partenaires dont les motivations étaient très diverses. Maximilien Ier pensait essentiellement au renforcement de sa position sur l'échiquier politique européen ; Berthold de Henneberg y voyait l'occasion de réorganiser la constitution de l'Empire sur une base corporative ; quant à la plupart des États de l'Empire, ils espéraient obtenir des fondements juridiques susceptibles de favoriser le développement de leur pouvoir territorial[1].

C'est essentiellement lors de la Diète de Worms en 1495 que furent mis en place les éléments essentiels constitutifs de la Réforme de l'Empire. Mais il ne s'agit là que du point culminant d'un mouvement constant pendant les XVe et XVIe siècles : certains problèmes ne furent réglés que par le traité d'Osnabrück, en 1648.

A. La Diète d'Empire (*Reichstag*)

L'un des effets les plus sensibles de la réforme fut l'institutionnalisation de la Diète d'Empire, héritière des « Diètes de cour » (*Hoftage*) médiévales. Avant de prendre des décisions importantes, les rois réunissaient leurs principaux vassaux : la convocation, la conduite des délibérations et la décision appartenaient au roi. Il se constitua progressivement un groupe de princes habilités à participer à ces Diètes, auxquelles les villes furent représentées, pour des raisons économiques bien plus que politiques. Dès la fin du XIVe siècle, sous le règne de Wenceslas, les princes avaient pris l'habitude de se réunir en l'absence du souverain pour délibérer des affaires du royaume. Ces Diètes tenues en l'absence du roi (*königlose Tage*) répondaient à un besoin suscité par la faiblesse du souverain ou son absence physique : un vide politique demandait à être comblé[2]. Un pas décisif vers l'institutionnalisation fut accompli lors de la Diète de Francfort en 1486 au cours de laquelle fut instauré un mode de délibération en deux collèges (ou curies) : les princes-électeurs et les princes d'Empire délibérèrent séparément sur les propositions émanant de l'empereur. À partir de 1495, les villes d'Empire constituèrent une troisième curie. Le collège des princes-électeurs (*Kurfürstenrat*), le plus prestigieux, ne comportait que sept membres ; les membres du collège des princes (*Reichsfürstenrat*)

---

1. H. Angeimeier, *op. cit.*, p. 181.
2. H. Duchhardt, *op. cit.*, p. 27.

étaient beaucoup plus nombreux : on comptait environ 90 princes ecclésiastiques et une quarantaine de laïcs. Le collège des villes (*Freie und Reichsstädte*) comptait environ 80 membres, mais ce chiffre était soumis à variation du fait notamment de la politique de médiatisation menée par les princes. Le rôle politique des villes resta d'ailleurs toujours très modeste. En principe, la condition nécessaire pour posséder le droit de siéger à la Diète (*Reichsstandschaft*) était l'immédiateté d'Empire (*Reichsunmittelbarkeit*). Mais la chevalerie d'Empire (*Reichsritterschaft*) et les vassaux italiens de l'empereur n'étaient pas convoqués à la Diète. Seuls les États les plus puissants disposaient d'une voix « virile » (*Virilstimme*), c'est-à-dire d'une voix propre ; les autres avaient des voix collectives, les voix « curiates » (*Kuriatstimmen*).

En 1495, il fut prévu une réunion annuelle de la Diète d'Empire, mais cette décision ne fut pas appliquée : les réunions continuèrent à se faire à l'invitation de l'empereur, qui, à partir de 1519, dut s'assurer de l'accord des princes-électeurs. L'empereur fixait aussi l'ordre du jour sous forme de « proposition ». Le mode de délibération était complexe. Chaque collège délibérait séparément et de cette délibération devait émaner un document nommé *conclusum*. L'étape suivante, la « corrélation » devait permettre de confronter l'avis des deux collèges supérieurs et d'élaborer un *conclusum duorum* (*conclusum* de deux collèges) ; ce document était présenté aux villes, fortement incitées à l'accepter, ce qui permettait la mise au point d'un *conclusum trium* (*conclusum* de trois collèges). Lorsque l'accord était atteint, un avis d'Empire (*Reichsgutachten*) était rédigé et présenté à l'empereur pour ratification. La ratification faisait du texte un *conclusum* d'Empire (*Reichsschluß*). Jusqu'en 1654, l'ensemble des textes élaborés par une Diète était ensuite réuni et promulgué dans un document unique, le recès d'Empire (*Reichsabschied*).

La compétence de la Diète d'Empire s'étendait à plusieurs domaines. D'une part, tout impôt levé par l'empereur dans l'Empire devait obtenir son assentiment. Cela valait notamment pour les subsides militaires, les « mois romains » (*Römermonate*), nommés ainsi parce que les sommes considérées correspondaient initialement aux frais occasionnés pendant un mois par l'expédition à Rome en vue d'obtenir le couronnement impérial. Les déclarations de guerre et les signatures de paix, dans la mesure où elles concernaient l'Empire, devaient également recevoir l'accord de la Diète. Enfin, la compétence de celle-ci s'étendait au domaine législatif.

L'action de la Diète d'Empire sera d'ailleurs importante, portant sur des ordonnances pénales (la *Caroline* en 1532), administratives (les *Reichspolizeiordnungen*) et monétaires. Parmi les actes législatifs essentiels de la Diète, il faut citer l'ordonnance de pacification perpétuelle (*Ewiger Landfriede*) édictée par la Diète de Worms en 1495. Cette ordonnance visait à éliminer les guerres privées, désormais purement et simplement interdites. La Diète reprenait et amplifiait des textes antérieurs, notamment l'édit de paix public promulgué par Frédéric II à Mayence en 1235. Certes, la portée immédiate de l'ordonnance fut limitée et les guerres privées ne disparurent pas du jour au lendemain. Mais cette ordonnance, qui sera comptée parmi les lois fondamentales de l'Empire (avec la Bulle d'Or, la paix de religion d'Augsbourg et les traités de Westphalie), témoignait de l'évolution de l'Empire dans un sens incontestablement « moderne » : celui de l'État de droit. La vie publique et privée fut désormais liée aux règles du droit, et les décisions judiciaires s'imposèrent comme norme, tant pour le règlement des conflits que pour la détermination des peines. En outre, l'ordonnance de pacification perpétuelle, dont la validité concernait l'ensemble du territoire de l'Empire, joua un rôle important dans l'unification juridique de l'Allemagne[1].

La Diète d'Empire devint l'organe par lequel les États de l'Empire affirmèrent leur participation aux décisions politiques. Le rôle joué par la Diète souligna l'inflexion fédérale de la constitution de l'Empire. La Diète devint la manifestation la plus nette du dualisme qui marquera désormais la vie politique allemande. Ce dualisme était exprimé et résumé dans la formule : « *Kaiser und Reich* », l'empereur et l'Empire. L'Empire, dans cette acception, désignait les États de l'Empire, qui possédaient désormais avec la Diète une instance d'expression et de participation ; et les États se sentaient légitimés à s'opposer à l'empereur au nom de l'intérêt de l'Empire.

B. La Chambre de justice d'Empire (*Reichskammergericht*)

Tout comme la Diète d'Empire, la Chambre de justice d'Empire (*Reichskammergericht*) était une institution qui s'était détachée progressivement de la cour impériale pour passer sous l'influence des États de l'Empire. La Chambre de justice avait été instituée en 1415, sous le règne

---

1. H. Angermeier, *op. cit.*, p. 174.

de Sigismond. La mise en place de cet organisme répondait à une volonté d'institutionnalisation des pouvoirs juridictionnels de l'empereur, auxquels Sigismond accordait une importance particulière : ce tribunal impérial devait permettre de restaurer la suprématie de la juridiction royale sur l'ensemble des instances concurrentes et privilégiées[1]. Les États de l'Empire s'efforcèrent de détacher ce tribunal de la cour impériale et d'en faire celui de l'Empire (c'est-à-dire le leur). Ils échouèrent en 1486 face à la résistance acharnée et habile de Frédéric III, mais en 1495 Maximilien Ier se montra plus conciliant. Les États obtinrent notamment une part prépondérante dans la nomination des membres de la Chambre de justice. Le président du tribunal était désigné par l'empereur, mais les États nommaient la majorité des assesseurs (*Beisitzer*), à l'origine au nombre de seize. La Chambre de justice siégea initialement à Francfort-sur-le-Main, puis fut fixée à Spire en 1527, avant d'être déplacée à Wetzlar en 1693.

Les compétences de ce tribunal étaient multiples. Il s'agissait d'une part d'une instance d'appel contre les jugements en matière civile rendus par les tribunaux des États territoriaux. D'autre part, la Chambre de justice d'Empire devait connaître des conflits entre les États de l'Empire et des plaintes visant ceux-ci, et elle devait veiller au respect de la paix publique (*Landfriede*). L'action de ce tribunal fut fortement limitée par des difficultés de fonctionnement qui étaient pour une bonne part d'origine financière : en 1495, la Diète de Worms tenta d'introduire un impôt spécifique, le « denier commun » (*Gemeiner Pfennig*), mais la levée de cet impôt se heurta à des difficultés insurmontables. À partir de 1548, un impôt spécial (*Kammerzieler*) fut institué pour permettre le fonctionnement de la Chambre de justice.

L'application des sentences posait un autre type de problème. Il n'existait pas, au niveau de l'Empire, d'autorité compétente en cette matière, et la tâche fut confiée aux États de l'Empire ; le résultat fut d'autant moins satisfaisant que les États étaient fréquemment partie dans les procès. Une meilleure solution sera trouvée avec la création des « Cercles d'Empire » (*Reichskreise*). Certaines difficultés rencontrées dans le fonctionnement de la Chambre de justice éclairent très bien le dilemme qui était celui des États de l'Empire. Ils avaient remporté une victoire en arrachant à l'empereur le monopole de la justice ; mais ils ne souhaitaient pas qu'une nou-

---

1. H. Angermeier, *op. cit.*, p. 62.

velle instance centrale, fût-elle d'essence corporative, vînt se substituer à la justice de l'empereur. L'institutionnalisation de la Chambre de justice s'était faite dans un contexte d'opposition entre les États de l'Empire et Maximilien Ier, et les concessions faites par ce dernier répondaient partiellement à des impératifs tactiques. Mais l'empereur n'avait pas renoncé à exercer son pouvoir de juge suprême. Dès 1498, il créa à Vienne le Conseil aulique impérial (*Reichshofrat*), à la fois tribunal et organisme de gouvernement. Cette instance devait connaître des contestations concernant les fiefs impériaux, les privilèges et les « droits réservés » (*jura reservata*) de l'empereur. Mais ses compétences recoupaient largement celles de la Chambre de justice, puisqu'elles concernaient également les perturbations de l'ordre public ; les procès concernant les États de l'Empire et les appels de leurs tribunaux pouvaient également être portés devant le Conseil aulique. Le Conseil aulique était l'instance judiciaire de l'empereur qui en assurait le financement : il rendait une justice beaucoup plus rapide que la Chambre de justice (dont le fonctionnement connut en outre plusieurs interruptions) et resta un instrument important du pouvoir de l'empereur.

C. Le Gouvernement d'Empire (*Reichsregiment*)

Le projet le plus hardi élaboré dans le cadre de la réforme de l'Empire concernait l'institution d'un « Gouvernement d'Empire » (*Reichsregiment*), qui devait — au moins partiellement — se substituer à l'empereur dans les tâches de gouvernement. Dès 1495, Berthold de Henneberg avait conçu le projet de transférer à une instance de gouvernement dominée et financée par les États les prérogatives politiques du souverain, qui ne conserverait qu'une fonction de représentation et de chef de guerre. L'instance à créer aurait un pouvoir de délibération, mais aussi de décision. Ce gouvernement serait également chargé d'exécuter les sentences rendues par la Chambre de justice d'Empire. Les deux organismes, destinés à se compléter, devaient d'ailleurs siéger au même endroit. Selon Heinz Angermeier, une telle réforme visait à rationaliser, intensifier et séculariser la constitution de l'Empire et elle proposait une alternative au système personnel de la constitution monarchique. Mais ce projet était hypothéqué dès l'origine dans la mesure où il entreprenait de remplacer un centralisme (celui de l'empereur) par un autre (celui des États) : cela ne correspondait pas au souhait des princes allemands, soucieux d'éliminer tout ce qui entravait leur politique territoriale[1]. Le projet se heurta dans un premier temps à la résistance de Maximilien Ier, qui excluait de renoncer aux prérogatives que lui assurait la structure féodale de l'Empire[2]. Si le projet aboutit en 1500, c'est essentiellement parce que les États de l'Empire exploitèrent les difficultés de Maximilien, qui avait perdu Milan en 1499[3]. Un Gouvernement d'Empire fut mis en place à Nuremberg : il était composé de 16 membres et présidé par une personnalité nommée par l'empereur ainsi qu'un prince d'Empire. L'empereur nommait deux membres du conseil et pouvait donc être mis en minorité. L'importance des attributions du Gouvernement d'Empire (y compris dans le domaine militaire et diplomatique) semblait signifier une grave défaite du principe monarchique, mais le projet de 1500 était nettement en retrait par rapport à celui de 1495 : le Gouvernement n'avait de pleins pouvoirs qu'en matière de maintien de la paix publique et l'empereur conservait l'ensemble de ses prérogatives féodales. D'ailleurs, cette instance eut une existence brève : créée en 1500, elle fut supprimée deux ans plus tard, victime de sa passivité, de l'insuffisance de ses moyens financiers, de l'obstruction habile menée par Maximilien Ier et de l'indifférence des princes qui se gardèrent de soutenir un Gouvernement qui risquait d'entraver leur propre politique. Une deuxième tentative fut faite (1521-1530), mais il ne s'agissait plus que d'un gouvernement intérimaire en cas d'absence de l'empereur, lequel s'était d'ailleurs réservé toutes les décisions relevant du droit féodal et de la politique extérieure.

D. Les Cercles d'Empire (*Reichskreise*)

Une création remarquable et durable née au début du XVIe siècle est celle des Cercles d'Empire. Il s'agit d'unités se situant à mi-chemin entre l'Empire et les territoires[4]. Les premiers projets visant à subdiviser l'Empire en unités fonctionnelles de plus petite taille remontent à la fin du XIVe siècle : une première division en Cercles fut décidée à Eger en 1389, mais elle fut abandonnée au bout de cinq ans. Ce sont essentiellement les difficultés auxquelles se heurtait l'application des édits de paix publique

---

1. H. Angermeier, *op. cit.*, p. 170-171.
2. *Ibid.*, p. 182.
3. *Ibid.*, p. 192.
4. Voir Winfried Dotzauer, *Die deutschen Reichskreise in der Verfassung des alten Reiches und ihr Eigenleben (1500-1806)*, Darmstadt : WBG, 1989.

Chapitre III – Le Saint-Empire entre le Grand Interrègne et l'époque des réformes   89

qui rendirent son actualité au projet à partir de la fin du XVe siècle. La mise en œuvre suscita à nouveau des tensions entre Maximilien Ier et les États de l'Empire menés par Berthold de Henneberg : chaque partie comptait faire des Cercles un instrument au service de ses propres projets. En 1500, la Diète d'Augsbourg créa six Cercles, et quatre autres furent créés à Cologne en 1517. Il y eut ainsi dix Cercles : Autriche, Bourgogne (Franche-Comté et Pays-Bas), Rhénanie électorale, Haute-Saxe, Basse-Saxe, Franconie, Bavière, Souabe, Haut-Rhin et Bas-Rhin-Westphalie. N'étaient pas englobés dans des Cercles la Confédération helvétique, les territoires italiens, la Bohême, les possessions de l'Ordre teutonique et les territoires de la chevalerie d'Empire (c'est-à-dire de la basse noblesse immédiate d'Empire). Les Cercles possédaient des institutions, largement inspirées de celles de l'Empire. Aux « États de l'Empire » correspondaient les « États du Cercle » (*Kreisstände*), régulièrement réunis dans une « diétine » (*Kreistag*). Deux princes, un laïc et un ecclésiastique (*Kreisausschreibende Fürsten*), étaient chargés de convoquer les participants aux diétines. Les Cercles possédaient une chancellerie et des archives, ainsi qu'une trésorerie. Les affaires militaires étaient du ressort d'un « colonel du Cercle » (*Kreisobrist*). Comme le fait observer Jean-François Noël, les Cercles avaient toutes les apparences d'un petit État[1]. Initialement, les Cercles n'étaient que des circonscriptions pour la désignation des assesseurs à la Chambre de justice d'Empire, mais très rapidement, ils reçurent des attributions dans le cadre du maintien de la paix publique : c'était aux Cercles qu'appartenait le châtiment des perturbateurs de l'ordre. Le principe de solidarité fut affirmé : un Cercle, incapable de faire face à ses obligations pouvait appeler ses voisins à son secours. Des questions économiques, essentiellement d'ordre monétaire, entrèrent également dans les compétences des Cercles. Les guerres contre l'Empire ottoman, puis contre la France, donnèrent aux Cercles des attributions militaires : ils furent chargés de la répartition et de la levée des « mois romains » (*Römermonate*), conformément à la matricule établie à Worms en 1521. Le degré d'activité des différents Cercles fut extrêmement variable. Les Cercles entièrement dominés par les Habsbourg furent peu actifs et il n'y eut de diétine ni en Autriche, ni en Bourgogne. Par contre, les Cercles de Souabe et de Franconie furent très actifs, car ils remplissaient effectivement une fonction de coordination

---

1. J.-F. Noël, *Le Saint-Empire, op. cit.*, p. 83.

dans des régions où l'émiettement territorial était intense. D'ailleurs, il est fort probable que les Cercles ont joué un rôle important dans l'émergence d'une conscience régionale dans des régions comme la Westphalie, la Franconie ou la Souabe, où aucun territoire (contrairement par exemple à la Bavière ou à la Saxe) n'était assez représentatif pour pouvoir cristalliser un sentiment d'appartenance régionale.

E. Bilan de la réforme de l'Empire

La réforme de l'Empire, qui avait suscité beaucoup d'espérances, se solda par un bilan en demi-teinte. Incontestablement, l'Empire avait fait un pas vers la modernisation, la rationalisation et la délimitation des compétences. L'État de droit avait progressé, et il est significatif à cet égard que le XVIe siècle vit la mise en place d'une œuvre législative importante, marquée notamment, dans le domaine du droit pénal, par la promulgation de la *Caroline* (1532). Le fonctionnement, même intermittent, de la Chambre de justice d'Empire fit beaucoup pour l'unification juridique de l'Allemagne et la diffusion du droit romain. Mais beaucoup de points essentiels restaient en suspens : l'Empire n'avait pas d'administration unitaire, pas de ressources fiscales régulières, pas d'armée et l'application des sentences rendues par ses tribunaux restait aléatoire. La paix publique était assurée sur le papier, mais les chevaliers brigands avaient encore de beaux jours devant eux.

La réforme d'Empire fut l'occasion d'affrontements entre Maximilien Ier et Berthold de Henneberg, finalement déchu de sa fonction d'archichancelier de l'Empire. Maximilien n'était pas hostile aux réformes, même à l'instauration d'un Gouvernement d'Empire, mais il entendait ne rien céder des aspects essentiels de son pouvoir, ou même étendre celui-ci. L'une des causes majeures de l'échec relatif de la réforme résida dans l'attitude des princes. Berthold de Henneberg entendait réorganiser l'Empire sur une base corporative : les princes étaient largement indifférents à la constitution de l'Empire et s'intéressaient prioritairement au développement de leur propre puissance.

La réforme de l'Empire est incontestablement révélatrice de la « nationalisation » de l'Empire, conséquence des pertes territoriales (notamment dans l'aire bourguignonne) et de l'absence presque totale de politique italienne. Il est à ce point de vue symptomatique que les institutions créées dans le cadre de la réforme de l'Empire ne concernent plus guère que le royaume d'Allemagne. La tension entre la royauté allemande et les prétentions universalistes tend à passer au second plan. Cela se traduit notamment par l'affaiblissement de la relation privilégiée (et souvent conflictuelle) entre l'empereur et le pape. La constitution *Licet iuris* de 1338 niait les droits du pape à examiner les candidats au trône et à se prononcer sur leur aptitude à ceindre la couronne impériale ; la Bulle d'Or passait prudemment ces droits sous silence. Un pas décisif fut accompli lorsque Maximilien Ier renonça au couronnement par le pape et adopta (en 1508) le titre d'« empereur élu », que conservèrent ses successeurs. Le fait que Charles Quint fut encore couronné par le pape en 1530 ne modifia plus le cours de cette évolution. Maximilien résolvait ainsi un problème qui se posait à la royauté allemande depuis Otton Ier : son lien avec la dignité impériale. Ce lien était désormais automatique et indissoluble, mais sa nature avait changé : Heinz Duchhardt ne reconnaît plus qu'un « substrat » impérial à la royauté allemande[1]. Avant la décision de Maximilien Ier, la royauté allemande restait une dignité incomplète, dans la mesure où elle qualifiait en principe son titulaire en vue du couronnement impérial, dont l'absence pouvait être ressentie comme un déficit en termes au moins de prestige et de légitimité. Mais il est malaisé de tirer des conclusions en ce domaine, puisque le défaut de couronnement impérial ne dit rien sur les circonstances qui empêchèrent cette cérémonie ou la rendirent inopportune. Dans la majeure partie des cas, le couronnement impérial n'intervenait que plusieurs années après le début du règne, mais il serait sans doute aléatoire de vouloir distinguer, pour un souverain donné, entre une phase « royale » et une phase « impériale ». Enfin, si l'on pose que le couronnement impérial devait être effectué à Rome et par le pape, on ne saura trop comment juger la légitimité impériale d'Henri IV (couronné par l'antipape Clément III), de Charles IV (couronné par un légat pontifical), de Louis IV (qui reçut la couronne de Sciarra Colonna, au nom du peuple romain) et même de Charles Quint (couronné à Bologne).

    Un autre facteur significatif est l'apparition de la titulature qui resterait officiellement en cours jusqu'en 1806 : Saint Empire romain de nation allemande (*Heiliges Römisches Reich deutscher Nation*). Ce titre est extrêmement intéressant et révélateur des ambiguïtés qui marquaient alors l'institution impériale. La première partie du titre est attestée depuis le milieu

---

1. H. Duchhardt, *op. cit.*, p. 25.

du XIIIe siècle ; la référence à la nation allemande était par contre plus récente, bien qu'on puisse admettre qu'il y ait là une réminiscence du *regnum Teutonicum* (ou *regnum Teutonicorum*) qu'on avait vu apparaître dans le lexique politique du Moyen-Âge, mais qui avait été évincé au profit de la référence romaine. La constitution de ce titre se fit par étapes, à partir du milieu du XVe siècle ; la forme définitive, attestée dès 1474, fut en quelque sorte officialisée par son emploi dans le recès (*Reichsabschied*) de la Diète de Cologne en 1512[1]. La référence à la « nation allemande » mérite un intérêt particulier, du fait de l'emploi novateur de ce concept. Le Moyen-Âge avait connu des « nations » (*natio*), mais ce terme avait alors un sens très éloigné de celui que nous lui connaissons actuellement. Il s'agissait généralement de groupes d'expatriés : il y avait ainsi la nation allemande à Londres, constituée de commerçants hanséatiques, ou la nation anglaise à Paris, qui regroupait les étudiants originaires de Grande-Bretagne. De nations, il était également question lors des conciles, et particulièrement lors du concile de Constance (1414-1418) : pour empêcher les prélats italiens, qui étaient les plus nombreux, d'avoir la majorité, les Français, les Anglais et les Allemands imposèrent un vote bloqué par nations. Ces nations étaient très inclusives, puisque la nation allemande comprenait, outre les Allemands, les Polonais, les Hongrois et les Scandinaves. Pourtant l'acception du terme ne tarda pas évoluer et on entendit par « nation allemande » les territoires allemands de l'Empire ainsi que leurs habitants, ecclésiastiques et laïcs[2]. Alors que le terme concurrent de *deutsche Lande* (au pluriel) souligne les divisions de l'Allemagne, *natio Germanica* ainsi que son équivalent allemand *deutsche Zunge* insistent au contraire sur son unité et plaident en faveur d'une prise de conscience d'une identité allemande, fondée essentiellement sur la langue commune.

Mais quel était le sens de la référence à la nation allemande dans le titre appliqué désormais au Saint-Empire ? À l'origine, il s'agissait sans doute d'établir une distinction entre les Allemands et les autres sujets du Saint-Empire, essentiellement les Italiens. Il existe d'ailleurs quelques documents parlant d'un « Saint-Empire de nation italienne ». Mais une acception différente se diffusa, qui liait étroitement la dignité impériale à la

---

1. Adolf Diehl, « Heiliges Römisches Reich Deutscher Nation », in : *Historische Zeitschrift*, n° 156, 1937, p. 466.
2. *Ibid.* p. 459.

nation allemande. Les humanistes allemands, notamment Jacob Wimpfeling (1450-1528), affirmèrent vigoureusement que Charlemagne était un Allemand (à une époque où les Français le revendiquaient aussi) et qu'il avait acquis l'Empire par droit de conquête. Cette conquête avait créé un droit imprescriptible : les Allemands, héritiers de Charlemagne, étaient et devaient rester le peuple impérial, chargé du gouvernement de l'Empire jusqu'à la fin des temps.

Cette inflexion de l'idéologie impériale dans un sens qu'on qualifiera de nationaliste doit être interprétée en fonction d'un double contexte. Les humanistes, familiarisés avec la culture antique, faisaient couramment de la possession de l'Empire l'élément fondamental de la dignité des Allemands, conséquence de leurs éminentes vertus militaires et signe de l'élection divine. Cette affirmation était formulée en des termes d'autant plus vigoureux que l'on savait (ou que l'on croyait savoir) que les Français manifestaient un intérêt croissant pour certains territoires appartenant à l'Empire, mais aussi pour la couronne impériale. Effectivement, plusieurs rois de France eurent des projets impériaux, mais seul François Ier brigua effectivement (et sans succès) les suffrages des princes-électeurs en 1519[1]. Ce sentiment national fut exploité par Maximilien Ier : en rappelant la mission qui avait été confiée aux Allemands, il tentait aussi de solidariser les États de l'Empire autour de sa politique et de présenter ses projets italiens, pour lesquels il ne cessait de solliciter des aides militaires et financières, comme relevant de l'intérêt de l'Empire et concernant de ce fait l'ensemble des Allemands.

VI. Les Habsbourg et l'Empire

A. Politique dynastique et ambitions impériales

L'un des facteurs qui contribuèrent fortement à la fixation du dualisme politique en Allemagne, dualisme dont la réforme de l'Empire porte la marque profonde, est la succession ininterrompue depuis 1438 de souverains appartenant à la famille des Habsbourg. Après la mort d'Albert Ier (1308), les Habsbourg avaient été écartés du trône royal pendant cent

---

[1]. Voir Gaston Zeller, « Les rois de France candidats à l'Empire. Essai sur l'idéologie impériale en France », in : *Aspects de la politique française sous l'Ancien Régime*, Paris : PUF, 1964, p. 12-89.

trente ans, si on ne compte pas l'élection, contestable, de Frédéric le Beau (1314), antiroi jusqu'à sa défaite militaire en 1322. Pendant cette période, les destinées des Habsbourg avaient été essentiellement autrichiennes, plus accessoirement bohémiennes et hongroises. Pendant un an (1438-1439), Albert II réunit sur sa tête les trois couronnes d'Allemagne, de Bohême et de Hongrie, mais son décès prématuré fit tourner court une tentative d'union préfigurant nettement celle que réaliserait Ferdinand Ier près d'un siècle plus tard.

Provisoirement, les Habsbourg avaient donc été cantonnés dans un rôle de princes territoriaux ; comme tous les princes, ils s'attachèrent à développer l'autonomie de leur territoire. Ils pouvaient exciper d'un privilège concédé en 1156 par Frédéric Ier, connu sous le nom de *Privilegium minus*. C'est ce privilège qui fit de l'Autriche, qui avait été précédemment une marche de la Bavière, un duché héréditaire transmissible par succession masculine ou (éventuellement) féminine. Le duché était soustrait à toute juridiction extérieure. Le privilège stipulait aussi que le duc n'était plus tenu à se rendre qu'aux Diètes tenues en Bavière et en Autriche, que sa participation militaire ne concernerait que les territoires limitrophes de l'Autriche. En 1356, Charles IV s'était gardé de faire figurer le duc d'Autriche parmi les princes-électeurs et avait ainsi écarté une menace sur la continuité de la royauté dans la Maison de Luxembourg. Cette décision eut des implications multiples. Elle explique par exemple pourquoi la possession de la couronne de Bohême (qui donnait accès au collège électoral) deviendra ultérieurement un enjeu essentiel pour les Habsbourg. Et, dans l'immédiat, elle suscita de la part du duc d'Autriche Rodolphe IV une réponse, sous forme d'un autre privilège, le *Privilegium maius* (1359), qui assurait à l'Autriche tous les avantages (hormis la participation à l'élection royale) que la Bulle d'Or apportait aux princes-électeurs : l'indivisibilité de l'Autriche, le privilège *de non appellando*, l'exemption de toute juridiction extérieure ; dans la hiérarchie des princes, le duc d'Autriche viendrait immédiatement après les électeurs ; le signe de cette dignité éminente était l'adoption du titre d'« archiduc » ; l'Autriche devenait quasiment indépendante du roi et de l'Empire. Le *Privilegium maius* était un faux, créé de toutes pièces, mais Frédéric III le confirma en 1453.

Le long règne de Frédéric III (1440-1493) a suscité des jugements très divergents. On a accusé ce souverain (qui fut le premier Habsbourg à être couronné empereur, mais aussi le dernier empereur à recevoir sa couronne à Rome) d'inertie et de pusillanimité, mais il faut reconnaître que son obstination lui valut des succès. Et sa grande longévité lui permit de venir à bout de ses ennemis en leur survivant. Le règne de Frédéric III marque simultanément une période de faiblesse extrême du pouvoir central en Allemagne et la préparation d'une extraordinaire renaissance due à d'habiles et heureuses combinaisons matrimoniales, qui firent des Habsbourg pour un temps la première dynastie européenne. Il y a là une donnée qui allait opérer des modifications profondes des enjeux de la politique européenne, mais aussi faire naître une nouvelle idéologie impériale.

La politique de Frédéric III fut tendue entre les deux pôles qu'étaient, d'une part, la grandeur de l'Empire et les droits de l'empereur auxquels il n'entendait pas renoncer, et, d'autre part, les intérêts dynastiques et les ambitions liées à la *Hausmacht*. Nous avons là, d'une certaine manière le condensé du problème posé par le Saint-Empire et son histoire : le rêve d'une monarchie universelle conçu par un prince qui n'était même pas maître chez lui[1]. L'essentiel du règne de Frédéric III fut absorbé par des conflits liés à des rapports de force dans les possessions patrimoniales des Habsbourg ou dans l'aire danubienne. À partir de 1457, Frédéric III fut en guerre contre son frère Albert VI, et c'est la mort de ce dernier (1463) qui sauva sans doute Frédéric d'une défaite totale : Frédéric III réussit à regrouper progressivement sous sa domination l'ensemble des pays patrimoniaux des Habsbourg, à l'exception du Tyrol et des territoires situés en Souabe et en Alsace (les *Vorlande*). Une autre guerre, menée contre Mathias Corvin, roi de Hongrie, faillit causer la chute de Frédéric III. Mathias Corvin s'empara successivement de Vienne (1485), puis de Wiener Neustadt (1487) : c'est son décès (1490) qui sauva, une fois de plus, Frédéric III. L'étendue de ces difficultés explique pour une large part la médiocre implication de Frédéric dans les affaires intérieures du Saint-Empire : il ne quitta pas ses possessions patrimoniales de 1444 à 1471, et cette absence prolongée favorisa le développement du mouvement de réforme de l'Empire et du dualisme institutionnel.

C'est incontestablement dans le domaine de la politique matrimoniale que Frédéric III connut ses plus grands succès. Une première opération fut réussie lorsque les Habsbourg mirent la main sur la meilleure part de

---

1. Jean Bérenger, *Histoire de l'Empire des Habsbourg 1273-1918*, Paris : Fayard, 1990, p. 101.

l'héritage de Charles le Téméraire. On connaît le long conflit qui opposa le roi de France Louis XI à Charles le Téméraire. Rappelons qu'ils étaient non seulement ennemis, mais aussi cousins, puisque le duché de Bourgogne avait été donné en apanage par le roi de France Jean le Bon à son quatrième fils Philippe le Hardi en 1363. Quatre ducs appartenant à une branche cadette des Valois se succédèrent en Bourgogne. Ils mirent aussi la main sur la Franche-Comté (le comté de Bourgogne), la Flandre, l'Artois et les Pays-Bas. À la mort de Philippe le Bon, son fils, Charles le Téméraire hérita d'une vaste série de territoires s'étendant du Jura à la mer du Nord. Ces territoires présentaient une double particularité. D'une part, ils ne constituaient pas un ensemble unique, mais deux blocs séparés par la Champagne et la Lorraine. D'autre part, l'État bourguignon était à cheval sur la France et le Saint-Empire : le duché de Bourgogne et les comtés de Flandre et d'Artois étaient des fiefs français, alors que la Franche-Comté, les duchés de Luxembourg, de Gueldre et de Brabant, ainsi que les comtés de Hollande et de Hainaut relevaient de l'Empire. Charles le Téméraire était un prince ambitieux, qui rêvait de reconstituer à son profit l'ancienne Lotharingie et de transformer ses possessions dans le Saint-Empire en un royaume. Seul l'empereur pouvait lui conférer le titre tant désiré, ce qui amena Charles le Téméraire à se rapprocher de Frédéric III : en 1473 fut décidé le mariage de Maximilien, fils de l'empereur, et de Marie, fille unique de Charles le Téméraire, la plus riche héritière de toute la chrétienté. En janvier 1477, Charles le Téméraire fut battu et tué sous les murs de Nancy. Peu après, furent célébrées les noces de Maximilien de Habsbourg et de Marie de Bourgogne. Louis XI et Maximilien prétendaient à l'héritage du Téméraire, dont le partage fut réalisé par le traité de Senlis (1493). Louis XI conserva le duché de Bourgogne, mais dut renoncer à la Franche-Comté, à l'Artois et à la Flandre ; Maximilien était, en outre, déjà en possession des Pays-Bas.

Le règlement de la succession de Charles le Téméraire marque un revirement dans la politique des Habsbourg : on voit se dessiner l'affrontement avec la France qui allait dominer les relations internationales jusqu'au XVIIIe siècle. Les relations se dégradèrent encore à la suite d'un épisode rocambolesque. Marie de Bourgogne était morte en 1482 et Maximilien envisagea d'épouser l'héritière du duché de Bretagne. Cette manœuvre, si elle avait réussi, aurait donné à Maximilien un gage stratégique d'une valeur inestimable : il aurait pu menacer la France par l'Est, le

Nord et l'Ouest. Un mariage par procuration fut d'ailleurs célébré, avant que Charles VIII, qui avait succédé à Louis XI en 1483 ne s'empare d'Anne de Bretagne et ne l'épouse lui-même. Cette affaire, habilement montée en épingle, fut utilisée à des fins de propagande nationaliste : les humanistes, notamment en Alsace, crièrent leur indignation contre cet enlèvement dans lequel ils voyaient un camouflet infligé à la nation allemande. Le fait que Charles VIII, pour pouvoir épouser Anne de Bretagne, avait rompu ses fiançailles avec la fille de Maximilien, promptement renvoyée aux Pays-Bas, envenima encore l'affaire.

À l'automne 1494, Charles VIII mena des troupes françaises en Italie. Son but était de conquérir le royaume de Naples, dont il se considérait l'héritier. Cette intervention militaire menaçait directement les intérêts de Maximilien Ier, mais aussi du roi d'Aragon. La partie septentrionale de l'Italie, rappelons-le, faisait partie de l'Empire et l'empereur ne pouvait accepter cette intrusion ; d'autre part, après l'échec de ses projets matrimoniaux avec Anne de Bretagne, Maximilien avait épousé Bianca-Maria Sforza, nièce du duc de Milan, vassal de l'empereur. Du côté français, Louis d'Orléans, héritier présomptif de Charles VIII, revendiquait déjà Milan au nom des Visconti, dont il était le descendant par sa grand-mère ; mais les Sforza avaient évincé les Visconti de la seigneurie de Milan. Le roi d'Aragon Ferdinand le Catholique avait lui aussi de bonnes raisons de s'opposer à la politique de Charles VIII en Italie : le royaume de Naples était détenu par une branche cadette de la Maison d'Aragon. L'alliance entre Maximilien Ier et Ferdinand le Catholique fut scellée par une double union matrimoniale. Les enfants de Maximilien et de Marie de Bourgogne, Philippe et Marguerite, épousèrent des infants d'Espagne : Jeanne (qui restera dans l'histoire sous le nom de « Jeanne la Folle ») et don Juan. Une série de décès, notamment celui de don Juan, un an après son mariage, fit de Jeanne l'unique héritière des Rois catholiques Ferdinand et Isabelle. L'héritage était immense : il comportait, outre l'Espagne (c'est-à-dire les deux royaumes de Castille et d'Aragon avec leurs dépendances), Naples et la Sicile ainsi que l'empire colonial dont les découvertes de Christophe Colomb avaient jeté les premières bases. Philippe (dit « le Beau ») mourut en 1506 ; Jeanne manifestait des troubles mentaux : en tout cas, c'est son fils aîné, Charles (qui deviendra Charles Quint par son élection au trône impérial), qui exerça le pouvoir.

Enfin, un troisième succès, non moins éclatant, fut préparé dans l'aire danubienne. En 1515, Maximilien Ier conclut avec Louis II Jagellon, roi de Bohême et de Hongrie, un pacte de succession mutuelle, assorti d'une promesse de double mariage : l'archiduc Ferdinand, second fils de Philippe le Beau et de Jeanne d'Espagne, épouserait Anne Jagellon, tandis que Louis Jagellon épouserait Marie de Habsbourg. Louis Jagellon trouva la mort sur le champ de bataille de Mohács en 1526, en combattant les Turcs, ce qui fit de Ferdinand de Habsbourg l'héritier des royaumes de Hongrie et de Bohême.

L'accession des Habsbourg à une dimension européenne ne resta pas sans effet sur la politique intérieure du Saint-Empire. L'époque des souverains faibles et impécunieux était révolue. Charles Quint régnait sur les Pays-Bas, à l'époque l'une des régions les plus riches en Occident, et il avait à sa disposition, en outre, les fortunes en provenance du Nouveau-Monde. Et un prince riche était assuré de ne pas manquer de vaillants soldats ni d'administrateurs de talent. L'époque semblait venue de mettre un terme aux velléités d'indépendance des princes et d'instaurer dans l'Empire une monarchie puissante, aussi bien obéie, par exemple, qu'en France. Pour prévenir ce péril, les princes allemands imposèrent à Charles Quint, avant son élection (1519), une « capitulation électorale » (*Wahlkapitulation*), par laquelle il s'engageait à respecter la constitution de l'Empire et s'interdisait d'y introduire des troupes étrangères ou de conférer des fonctions à des étrangers. Mais ce qui faisait la force de Charles Quint était aussi une source de faiblesse : un souverain qui régnait sur des États aussi nombreux ne pourrait qu'accorder parcimonieusement son temps, son énergie et sa présence aux affaires allemandes.

À partir de la deuxième moitié du XVIe siècle, la question de la coordination des intérêts dynastiques des Habsbourg et de la politique impériale fut rendue encore plus complexe par la division de l'héritage de Charles Quint (1555-1556). Les Habsbourg de Vienne, détenteurs du titre impérial, restèrent longtemps dans l'ombre de leurs cousins madrilènes, en position hégémonique au sein de la Maison d'Autriche : de là d'innombrables conflits entre les intérêts du Saint-Empire, des Pays héréditaires (l'Autriche, la Bohême et la Hongrie) et ceux de l'ensemble de la dynastie. Et ces conflits furent amplifiés par les effets de la Réforme luthérienne, puis calviniste : la branche madrilène devint le fer de lance de la Contre-Réforme, alors que la branche viennoise, dont certains membres (notamment l'empereur Maximilien II) penchèrent du côté de la Réforme, devait composer avec des sujets protestants. La division de l'héritage de Charles Quint engendra des effets qui pesèrent lourdement sur le devenir de certaines zones périphériques du Saint-Empire. En effet, Charles Quint légua à son fils Philippe, outre l'Espagne, ses possessions bourguignonnes (c'est-à-dire la Franche-Comté et les Pays-Bas) et le Milanais : il s'agissait de territoires appartenant à l'Empire, et le roi d'Espagne devenait donc le vassal de l'empereur. Cette décision renforçait la position de l'Espagne et se faisait au détriment de l'Empire. Charles Quint l'avait justifiée en faisant valoir que l'Espagne, plus puissante, pourrait, mieux que l'empereur, défendre ces territoires menacés. Ce choix eut des conséquences très importantes. La Franche-Comté et les Pays-Bas, terres d'Empire, étaient totalement étrangers à l'Espagne et supportèrent difficilement le joug espagnol. La révolte des Pays-Bas septentrionaux contre l'Espagne (1568-1648) s'acheva par l'indépendance des Provinces-Unies, que les traités de Westphalie détachèrent définitivement du Saint-Empire. En Italie, les intérêts de l'Espagne et ceux de l'Empire entrèrent rapidement en conflit. Pour l'Espagne, le Milanais et Gênes devinrent des positions stratégiques dès le début de la révolte des Pays-Bas. Après le désastre de l'« Invincible Armada » (1588) la Lombardie devint une pièce maîtresse sur la route qui permettait d'acheminer des renforts vers le nord-ouest de l'Europe. Philippe II respecta la suzeraineté de l'Empire, mais son fils, Philippe III s'attacha à démanteler les liens de vassalité entre l'Italie septentrionale et l'Empire. Il en résulta un conflit qui, selon Karl Otmar von Aretin était celui qui opposait la politique de puissance espagnole au système juridique du Saint-Empire[1]. Le traité d'Oñate (1617), qui accordait à Philippe III l'investiture pour Piombino, Finale et Malgrado en échange de sa renonciation à ses droits au trône impérial, renforça la position de l'Espagne.

B. L'idée impériale des Habsbourg

Le monopole exercé presque sans interruption par les Habsbourg sur la dignité impériale pendant plus de trois siècles et demi eut des répercussions considérables sur la politique intérieure de l'Empire ainsi que sur les

---

1. Karl Otmar von Aretin, *Das Reich. Friedensordnung und europäisches Gleichgewicht 1648-1806*, Stuttgart : Klett-Cotta, 1992, p. 108.

relations internationales. Mais il faut aussi tenir compte du plan idéologique et du renouvellement de l'idée impériale qui résulta des nouvelles conditions politiques et de la présence, à la tête de l'Empire, d'un souverain capable de redonner vie aux aspirations universalistes.

Peter Moraw estime que la mutation qui s'opère alors dans l'idéologie impériale peut être analysée avec les notions relatives à la *translatio imperii* : c'est comme une nouvelle translation qui a lieu, laquelle ne se fait plus en faveur d'un peuple, mais d'une dynastie[1]. Le règne de Frédéric III, si décevant au plan politique, apparaît par contre comme le moment où émerge un ensemble d'idées nouvelles. Frédéric III était profondément attaché à la grandeur de l'Empire (comme les empereurs avant lui, à des degrés divers), mais envisageait cette grandeur en liaison étroite avec l'élévation des Habsbourg. C'est d'ailleurs sous son règne que s'imposa progressivement l'appellation de « Maison d'Autriche » pour désigner l'ensemble des princes appartenant à la dynastie. C'est Frédéric III, persuadé de la mission providentielle des Habsbourg, qui éleva au rang de devise la série des cinq voyelles : A.E.I.O.U., considérée comme l'acrostiche de *Austriae est imperare orbi universo* (il appartient à l'Autriche — c'est-à-dire à la Maison d'Autriche — de régner sur l'univers entier). Et cette domination universelle, dont les grandes lignes devaient se dessiner sous Charles Quint, ne fut pas recherchée par la guerre (dont Frédéric III avait horreur), mais par une habile politique matrimoniale. De fait, les Habsbourg sont aussi restés célèbres dans l'histoire par l'extraordinaire réussite de leurs combinaisons matrimoniales, célébrées par un distique latin : *Bella gerant alii, tu, felix Austria, nube / nam quae Mars aliis, dat tibi regna Venus* (Que d'autres fassent la guerre ; toi, heureuse Autriche, contente-toi d'épouser. Car les royaumes que Mars apporte aux autres, c'est Vénus qui te les apporte).

Le règne de Charles Quint correspondit à un retour au premier plan de l'idée et de la politique impériales. Les conditions, il est vrai, étaient extraordinairement favorables. Lorsqu'il fut élu empereur en 1519, Charles était déjà entré en possession du patrimoine héréditaire des Habsbourg, de l'héritage bourguignon et de l'Espagne dont l'empire colonial était en rapide développement : il régnait sur un Empire sur lequel, dira-t-on, « le soleil ne se couche jamais ». Peter Rassow invite à bien distinguer entre

---

[1]. P. Moraw, *op. cit.*, p. 385.

l'Empire de Charles Quint (c'est-à-dire l'ensemble des possessions dont il avait hérité) et son idée impériale, enracinée dans la tradition médiévale, qui concernait l'ensemble de la chrétienté au sein de laquelle l'empereur détenait une place prééminente[1]. Charles Quint souligna vigoureusement le versant religieux de la dignité impériale : il lui appartenait de diffuser l'Évangile, de lutter contre les hérétiques et les infidèles, d'assurer l'ordre et la paix à l'intérieur de la chrétienté[2]. Cela impliquait le combat contre les princes qui perturbaient la paix de la chrétienté (c'est-à-dire essentiellement le roi de France), les hérétiques (les princes luthériens allemands, regroupés dans la ligue de Smalkalde) et les Turcs, menaçants dans le bassin danubien et en Méditerranée. Charles Quint considérait que la Providence lui avait confié les différentes composantes de son Empire et voyait même dans les décès qui l'avaient amené à en hériter des signes de la volonté de Dieu. En 1519, après la mort de Maximilien Ier, il s'opposa fermement au projet de faire élire empereur son frère Ferdinand et imposa sa propre candidature : il se jugeait seul capable de remplir la mission impériale, avec le soutien des autres membres de la Maison d'Autriche. Malgré les protestations des Espagnols, même dans des actes destinés à l'Espagne, le titre impérial précéda ses titres de roi de Castille et d'Aragon. L'ordre des priorités était ainsi nettement indiqué. La fonction impériale n'était pas liée à un pays donné, et dans la conception de Charles Quint, l'Allemagne cessait d'être le centre du Saint-Empire. Les circonstances dans lesquelles fut effectué le couronnement impérial (à Bologne, le 24 février 1530) sont révélatrices. L'événement fit l'objet de descriptions qui furent diffusées dans l'Europe entière, mais la présence des princes allemands, conforme à la tradition, n'avait pas été jugée nécessaire. Preuve, selon Peter Rassow, que la dignité impériale, certes liée aux princes-électeurs allemands, concernait, dans l'esprit de Charles Quint, l'ensemble des nations[3].

Cette idée impériale devait beaucoup à l'influence exercée par le chancelier de Charles Quint, Mercurio Gattinara. Gattinara était Italien, il avait longuement étudié le *De Monarchia* de Dante, vibrant appel à la restaura-

---

1. P. Rassow, *Die politische Welt Karls V.*, München : Callwey, 1942, p. 39.
2. Frances A. Yates, *Astrée. Le symbolisme impérial au XVIe siècle*, trad. par J.-Y. Pouilloux et A. Huraut, Paris : Belin, 1989, p. 40-51.
3. Peter Rassow, *Die Kaiser-Idee Karls V. dargestellt an der Politik der Jahre 1528-1540*, Berlin : Ebering, 1932, p. 25.

tion d'un Empire universel. Après l'élection impériale de 1519, Gattinara écrivit à Charles une lettre précisant son approche de l'idée impériale : « Sire, puisque Dieu vous a conféré cette grâce immense de vous élever, par-dessus tous les rois et princes de la chrétienté, à une puissance que jusqu'ici n'a possédée que votre prédécesseur Charlemagne, vous êtes sur la voie de la monarchie universelle, vous allez réunir toute la chrétienté sous une même houlette ». Il faut, dans des déclarations de ce genre, faire la part de la flagornerie et des excès rhétoriques auxquels sacrifiait volontiers la littérature encomiastique. Il n'en reste pas moins que pareils discours devaient susciter des résistances. Celles-ci vinrent des papes, des rois de France, François Ier puis Henri II, et des princes allemands. Et ce sont ces résistances qui expliquent l'échec final de Charles Quint, qui abdiqua en 1555-56 et se retira au monastère de Yuste. Rien ne témoigne mieux de l'échec du projet impérial de Charles Quint que la manière dont fut réglée sa succession. L'unité des Habsbourg, dans laquelle Charles Quint avait vu la condition nécessaire à l'accomplissement de sa mission impériale, fut abandonnée : le fils de l'empereur, Philippe II, reçut l'Espagne (avec Naples et l'empire colonial), mais dut renoncer à ceindre la couronne impériale (contrairement à un projet que son père avait sans doute caressé) ; la couronne impériale alla au frère de l'empereur, Ferdinand Ier, déjà élu roi des Romains. Ferdinand conservait les pays autrichiens ; depuis 1526, il était déjà roi de Bohême et de Hongrie (c'est-à-dire de la partie de la Hongrie que les Turcs n'occupaient pas).

Le partage de la succession de Charles Quint sanctionna une nette perte de prestige de la dignité impériale : les empereurs, descendants de Ferdinand Ier, appartiendraient désormais (et jusqu'en 1700) à une branche cadette, moins prestigieuse que la branche aînée et liée politiquement à celle-ci. Après Charles Quint, c'est son fils Philippe II, roi d'Espagne, qui fut chef de famille de la Maison d'Autriche. D'autre part, la concentration des possessions de la branche viennoise des Habsbourg dans l'aire danubienne annonce la constitution de ce qu'on appellera, à partir du XVIIIe siècle, la « Monarchie autrichienne », et qui deviendra, en 1804, l'Empire d'Autriche. Ces possessions faisaient partiellement partie du Saint-Empire (la Hongrie n'en faisait pas partie), mais y occupaient une position périphérique ; des tâches spécifiques (la lutte contre les Turcs, par exemple) absorberont les empereurs, qui auront tendance, surtout au XVIIIe siècle à ne plus accorder aux affaires allemandes qu'une place secondaire. Enfin, l'échec de Charles Quint est sans doute aussi l'échec de l'universalisme. Rien n'est plus significatif à cet égard que la connotation nouvelle, fortement négative, dont se chargera désormais le terme de « Monarchie universelle » : loin d'évoquer, comme au Moyen-Âge, une chrétienté unifiée dans la paix et l'ordre, ce terme deviendra progressivement synonyme de tyrannie et d'oppression[1]. Trois forces rendirent obsolètes l'idée de Monarchie universelle : la lutte des princes allemands pour la « liberté allemande », c'est-à-dire leur autonomie vis-à-vis du pouvoir royal ; la constitution de monarchies nationales, surtout en France et en Angleterre ; enfin, la Réforme luthérienne qui a joué un rôle déterminant, à la fois en sapant les bases religieuses de l'idée universaliste et en renforçant le pouvoir des États de l'Empire.

VII. L'Empire et la Réforme

A. Luther et l'idée d'Empire

Luther était essentiellement théologien, mais les références à l'idée d'Empire jouent un rôle non négligeable dans ses écrits, notamment dans le *Manifeste à la noblesse* (*An den christlichen Adel deutscher Nation*) publié en août 1520. Le Réformateur de Wittenberg s'intéresse particulièrement à la question des relations entre l'empereur et le pape, ce qui l'amène à considérer les fondements qui avaient régi ces relations au Moyen-Âge : la Donation de Constantin et la théorie de la *translatio imperii*, sur lesquelles les papes appuyaient leur revendication à la suprématie sur l'empereur. Luther stigmatise les aspirations de la papauté à l'exercice d'un pouvoir temporel et rappelle le tort que les papes ont, depuis l'époque de Charlemagne, causé à la nation allemande. La Donation de Constantin est rejetée avec énergie : Luther avait lu le traité de Lorenzo Valla, rédigé vers 1440, dans lequel l'humaniste italien avait démontré que la Donation de Constantin était apocryphe. Rappelons qu'Otton III avait déjà émis le même jugement. À un Constantin imaginaire, auteur présumé d'un document sanctionnant la soumission de l'empereur au pape, Luther oppose le vrai Constantin, qui réunit le Concile de Nicée, qu'il propose en exemple à Charles Quint, invité à convoquer le concile devant réformer l'Église.

---

1. Franz Bosbach, *Monarchia Universalis. Ein politischer Leitbegriff der frühen Neuzeit*, Göttingen : V&R, 1988, *passim*.

De la même manière, Luther s'en prend à la théorie de la *translatio imperii*, dont il donne une interprétation originale. Il ne nie pas que le pape a enlevé l'Empire aux Grecs pour le remettre aux Allemands, mais conteste la légitimité de cette opération : le pape voulait priver les Byzantins de l'Empire parce qu'ils étaient trop puissants et refusaient de se soumettre à son autorité. En fin de compte, c'est à lui-même que le pape a transféré l'Empire, en opérant au passage une dissociation : il a remis aux Allemands, dont il souhaitait la protection, les signes extérieurs de la dignité impériale, tout en leur interdisant d'établir leur capitale à Rome ; il a conservé la réalité du pouvoir impérial et revendique de ce fait une domination sur tous les royaumes de la terre.

Luther conteste énergiquement la romanité de l'Empire de son époque. C'est, dit-il, un nouvel Empire que les papes ont transféré aux Allemands, d'ailleurs, ajoute-t-il, l'Empire romain, le « vrai » Empire a disparu depuis longtemps, détruit par les Goths, les Sarrasins, ainsi que par l'émancipation politique de la France, de l'Espagne et de Venise. Cette affirmation fait du Saint-Empire un organisme politique totalement étranger au plan providentiel et la prophétie de Daniel, où il est question d'un Empire qui durerait jusqu'à la fin des temps, ne le concerne en aucune manière. Il est important de retenir que Luther élimine ainsi l'élément essentiel qui fondait la supériorité théorique du Saint-Empire sur les autres monarchies. Il y a là une nette dévalorisation de l'idée impériale, que Luther ne pousse pourtant pas jusqu'à ses conséquences extrêmes. Car Luther n'en voit pas moins dans la *translatio imperii*, nonobstant son caractère illégitime, une mission confiée par Dieu aux Allemands, invités à prendre conscience de la vraie nature du dépôt que Dieu leur a remis, à s'emparer à nouveau de Rome et à restaurer l'Empire dans sa grandeur.

L'attitude de Luther face à l'idée d'Empire n'a pas été exempte de revirements, voire de contradictions. Dans la préface au Livre de Daniel figurant dans sa traduction allemande de la Bible, il tient un discours très différent. Rappelons que le Livre de Daniel était la source majeure à laquelle se référait la théorie de la succession des quatre Empires. Luther reprend les composantes traditionnelles de la théorie, conformément à l'interprétation de saint Jérôme. Il interprète donc les parties de la statue vue en rêve par Nabuchodonosor comme quatre Empires qui se succéderont et parle longuement des orteils de la statue, qui correspondent à l'Empire romain. Et il affirme que cet Empire est resté le même malgré le transfert de la dignité impériale des Romains aux Grecs, puis aux Allemands. La place de cet Empire dans le schéma historique providentiel est affirmé : cet Empire, sous la conduite des Allemands, durera jusqu'à la fin des temps et sa disparition précédera immédiatement la venue de l'Antéchrist.

L'un des problèmes majeurs qui se posa à Luther concernait l'attitude à adopter face à l'empereur. En 1520, Luther avait placé ses espérances en Charles Quint, le « nouveau Constantin », dont il attendait la convocation d'un concile qui mettrait fin aux maux de l'Église. Mais dès la Diète de Worms en 1521, il devint manifeste que le jeune empereur, loin de soutenir Luther, serait l'adversaire le plus résolu de sa doctrine. La position initiale de Luther est claire : se fondant sur un passage de l'Épître aux Romains (13, 1-2), il affirme l'origine divine de tout pouvoir ainsi que l'obligation d'obéissance absolue. Ce qui l'amène à condamner sévèrement toute forme de sédition : celui qui est persécuté pour sa foi n'a de recours que dans la prière ou dans l'émigration. Si l'empereur voulait rétablir le catholicisme par la violence, les princes protestants commettraient un péché en prenant les armes pour lui résister. Cette attitude s'infléchit nettement à la suite de l'échec de la Diète d'Augsbourg (1530), dont le recès final ouvrait des perspectives d'actions judiciaires et militaires à l'encontre des princes partisans de Luther, lesquels s'empressèrent d'ouvrir des négociations sur la conclusion d'une alliance défensive, alliance qui devait voir le jour à Smalkalde, le 27 février 1531 (*Schmalkaldischer Bund*). Après beaucoup d'hésitations, Luther finit par admettre un droit à la légitime défense dans le cadre d'une guerre qu'il voyait suscitée non par l'empereur, mais par le pape.

B. La Réforme et la constitution du Saint-Empire

Il y a sans aucun doute un lien étroit entre les problèmes politiques propres au Saint-Empire et la Réforme luthérienne. Celle-ci fut pour une part l'expression du mécontentement des Allemands vis-à-vis des ingérences du Saint-Siège dans les affaires de leur pays. Contrairement à la France que protégeaient les concordats de 1438 et de 1516, l'Allemagne était médiocrement protégée contre la fiscalité pontificale. Les réminiscences historiques fournissaient aussi des arguments très mobilisateurs : Luther rappela ainsi avec complaisance la manière dont les empereurs médiévaux avaient été abaissés par les papes. Luther fut mis au ban de l'Empire lors de la Diète de Worms (1521) et risquait de finir sur le bûcher, à l'instar de Jean Hus, brûlé par les Pères du concile de Constance (1415). Il dut son salut à la protection de son souverain, le prince-électeur de Saxe, Frédéric le Sage, qui réussit à le soustraire à la justice impériale. L'électorat de Saxe, avec l'université de Wittenberg, resta pour Luther et ses premiers disciples un espace protégé, d'où la nouvelle doctrine put rayonner. À cet égard, l'existence de territoires largement autonomes fut une condition qui favorisa indéniablement la naissance et l'essor de la Réforme. Celle-ci devint rapidement une question éminemment politique, occupant l'ordre du jour des Diètes d'Empire à partir de 1521. Et les Diètes jouèrent un rôle majeur, dans la mesure où elles constituèrent un espace où les idées réformatrices étaient discutées. Selon Volker Press, les Diètes, en se saisissant du problème religieux et en lui conférant une dimension politique, ont largement contribué à sauvegarder la Réforme. Ce sont aussi les Diètes qui ont protégé le développement de la Réforme dans les territoires[1].

La Réforme a été un important facteur de renforcement du pouvoir des princes d'Empire, à la fois vis-à-vis de l'empereur et des assemblées d'États de leurs territoires. Une étape particulièrement importante fut la Diète d'Augsbourg de 1555, qui transféra le règlement des affaires religieuses aux territoires. C'était reconnaître qu'un arbitrage général, valable pour tout l'Empire, n'était plus possible. La Diète de 1555 fut convoquée par Charles Quint juste avant son abdication ; c'est Ferdinand Ier, son frère, qui la présida. Après des tractations difficiles, un compromis, connu sous le nom de paix de religion d'Augsbourg (*Augsburger Religionsfriede*) fut adopté le 25 septembre 1555 : la coexistence du catholicisme et du luthéranisme (confession d'Augsbourg) reçut une base légale. Les autres religions (calvinisme, zwinglianisme, anabaptisme) ne bénéficiaient pas des garanties de la paix et étaient exclues de la « pacification perpétuelle » (*ewiger Landfriede*) édictée à Worms en 1495. La paix de religion garantissait aux États de l'Empire la liberté en matière religieuse : les princes étaient libres d'adopter le luthéranisme ou le catholicisme. En outre, le prince protestant ou catholique (mais dans ce cas seulement s'il était laïc) pouvait imposer sa religion à ses sujets : c'est ce que l'on appelait le « droit de réformer » (*ius reformandi*). Le principe en est résumé dans la formule

---

1. Volker Press, « Reformatorische Bewegung und Reichsverfassung. Zum Durchbruch der Reformation – soziale, politische und religiöse Faktoren », in : Volker Press et Dieter Stievermann (dir.), *Martin Luther. Probleme seiner Zeit*, Stuttgart : Klett-Cotta, 1986, p. 22.

fameuse (qui ne figure pas dans le traité) : *cuius regio, eius religio*. Les sujets se voyaient reconnaître le droit d'émigrer pour raison religieuse (*ius emigrandi*).

Un article de la paix de religion (§18), connu sous le nom de Réserve ecclésiastique (*geistlicher Vorbehalt*), énonçait des clauses particulières pour les princes immédiats ecclésiastiques. Le droit personnel de se convertir au luthéranisme leur était reconnu, mais une éventuelle conversion entraînait la renonciation à leurs fonctions ecclésiastiques. La Réserve ecclésiastique concernait aussi une question éminemment politique, appelée à prendre beaucoup d'importance par la suite : l'appartenance religieuse des princes-électeurs. Trois électeurs étaient ecclésiastiques, et il était désormais assuré que la conversion de l'un d'eux n'entraînerait pas de modification dans la pondération confessionnelle au sein du collège électoral. Suite aux protestations émises par les princes luthériens, une concession, connue sous le nom de *Declaratio Ferdinandea*, leur fut accordée : les villes et les chevaliers sujets d'un prince ecclésiastique pourraient demeurer luthériens, s'ils justifiaient d'un délai significatif écoulé depuis leur conversion.

Le *ius reformandi* mettait entre les mains des princes une prérogative exorbitante : dans la majeure partie des cas, il leur était possible de déterminer la religion de leurs sujets et de contraindre ceux-ci à la conversion ou à l'exil. La religion était un puissant facteur d'intégration et la communauté de religion contribuait de ce fait à stabiliser les territoires. L'avantage fut particulièrement sensible dans les territoires protestants, où les princes prirent la direction de l'Église, remplaçant en quelque sorte les évêques. Cette direction de l'Église par le prince (*landesherrliches Kirchenregiment*) conférait au souverain des droits étendus en matière d'organisation de l'institution ecclésiale et de nomination des ecclésiastiques, qui deviendront, en pays protestant, des fonctionnaires de l'État.

La Réforme s'accompagna de la sécularisation des biens de l'Église au profit de l'État, c'est-à-dire des princes. À une époque où l'exercice de la politique requérait des moyens financiers toujours plus importants, les princes s'assurèrent une augmentation de leurs revenus. Il est vrai qu'en échange, l'État assuma des tâches traditionnellement remplies par l'Église dans le domaine de l'enseignement et de la charité. Mais ceci lui permit aussi d'imposer sa présence et son influence dans des domaines où l'Église avait, jusqu'alors, été prédominante.

Alors que la Réforme, dans ses effets politiques, renforça globalement l'autorité des princes, elle affaiblit gravement le pouvoir impérial. Tout d'abord, elle déboucha sur la sécularisation et la médiatisation de nombreux évêchés, ce qui privait l'empereur d'une partie de sa clientèle traditionnelle : cette clientèle fut toujours constituée par les États de l'Empire les plus faibles, qui comptaient sur l'appui de l'empereur pour les défendre contre des voisins puissants. Malgré la disparition du *Reichskirchensystem* ottonien, les ecclésiastiques restaient en général particulièrement proches de l'empereur.

Celui-ci, en Autriche et dans les pays danubiens, n'allait pas tarder à être confronté à une opposition corporative, à la fois politique et religieuse. En Autriche, en Bohême et en Hongrie, les Habsbourg trouvèrent face à eux des Ordres (*Stände*) associant la défense (ou l'extension) de leurs libertés politiques et du protestantisme. On ne peut réduire la conversion au protestantisme à un acte d'opposition politique, mais on constate quand même que le choix religieux allait souvent de pair avec des attitudes politiques. Cela ne signifie pas que les catholiques aient toujours été de fidèles sujets des Habsbourg : de nombreux exemples prouvent même le contraire.

Enfin, la Réforme eut une répercussion négative sur la composante majeure de l'idéologie impériale : l'universalisme. Cet universalisme, depuis Otton Ier jusqu'à Charles Quint, avait un fondement religieux et postulait qu'à l'Église une et romaine devait correspondre une organisation garantissant l'unité de la cité terrestre. Or, il y avait maintenant en Europe occidentale, deux, puis plusieurs Églises qui se combattaient avec acharnement, et il devint rapidement manifeste que l'unité religieuse était perdue, même si elle restait l'objet de souhaits ardents. Dans ces conditions, l'universalisme dans le domaine temporel perdait sa légitimation majeure. Selon Heinz Duchhardt, la date de 1555 marque à cet égard la fin du Moyen-Âge : l'empereur ne possède plus de compétences dans le domaine religieux et a perdu son pouvoir de direction dans un univers jusqu'alors caractérisé par l'étroite corrélation des domaines spirituel et temporel. La Réforme a rendu caduc l'universalisme pontifical et impérial[1].

---

1. H. Duchhardt, *op. cit.*, p. 114.

Chapitre IV

L'IRRÉVERSIBLE DÉCLIN

I. La guerre de Trente Ans et les traités de Westphalie

Il n'est pas possible de présenter ici les causes, éminemment complexes, de la guerre de Trente Ans, ni d'évoquer les étapes majeures du conflit. Rappelons simplement que des événements locaux, la Défenestration de Prague (1618), puis l'élection de l'électeur palatin Frédéric V comme roi de Bohême (1619), intervenant dans un contexte d'affrontements en Allemagne et en Europe, engendrèrent une guerre interminable, qui se solda pour l'Allemagne par des ravages catastrophiques et, selon des estimations prudentes, par la disparition de 30 à 40 % de la population, victime des batailles, des massacres et, bien plus encore, des épidémies[1]. La guerre de Trente Ans est fréquemment envisagée comme un conflit religieux, ce qui n'est pas foncièrement inexact, mais l'enjeu essentiel fut de nature politique. Il s'agit, selon Johannes Burkhardt, d'une guerre autour de la constitution et de l'organisation de l'État moderne ; nulle part, cet enjeu ne se dessina aussi nettement que dans l'Empire où s'affrontèrent les tendances absolutistes du pouvoir impérial et les aspirations à la souveraineté des États de l'Empire[2].

Les contemporains accusèrent l'empereur Ferdinand II d'avoir voulu imposer à l'Allemagne un gouvernement faisant à l'autorité centrale une part similaire à celle qu'elle était en passe d'acquérir en France. L'accusation est sans doute outrée, bien que certaines données aient pu favoriser une telle analyse. Il est par exemple significatif qu'il n'y ait plus eu après 1613 de convocation de Diète d'Empire jusqu'en 1640 : Ferdinand II et Ferdinand III se bornèrent à réunir des assemblées composées de princes

---

1. Günther Franz, *Der Dreißigjährige Krieg und das deutsche Volk. Untersuchungen zur Bevölkerungs- und Agrargeschichte*, Stuttgart : Fischer, 3ᵉ édition, 1961, p. 47.
2. Johannes Burkhardt, *Der Dreißigjährige Krieg*, Frankfurt am Main : Suhrkamp, 1992, p. 90-107.

qu'ils choisissaient (*Fürstentage*) ou des « congrès électoraux » (*Kurfürstentage*), auxquels ne participaient que les princes-électeurs. Cette politique déboucha sur un échec, mais permit aussi, provisoirement, de renforcer la position constitutionnelle de l'empereur. Et cette période connut aussi une intensification de l'activité du Conseil aulique impérial (*Reichshofrat*), qui, rappelons-le, était le tribunal de l'empereur, instance concurrente de la Chambre de justice d'Empire (*Reichskammergericht*), dont l'activité fut paralysée pendant la guerre.

Suite à une série de victoires militaires dont l'artisan principal fut Wallenstein, le pouvoir de Ferdinand II atteignit son zénith dans les années 1627-28. L'empereur profita de cette situation pour promulguer en 1629 l'édit de restitution, concernant le problème des biens ecclésiastiques sécularisés par les protestants. Il y était stipulé que tous les biens immédiats d'Empire sécularisés devaient être rendus aux catholiques, de même que les biens médiats sécularisés après 1552.

L'application de cet édit était de nature à remettre en cause profondément la situation politique et confessionnelle du Saint-Empire, en redonnant au catholicisme des bases en Allemagne moyenne et septentrionale et en reconstituant dans ces zones une clientèle des Habsbourg. Enfin, ces biens sécularisés étaient souvent des évêchés, et, conformément à une habitude bien installée, les Habsbourg (mais aussi les Wittelsbach de Bavière) auraient pu y installer des sortes de secondogénitures, à l'image de ce qui se passait déjà en Allemagne méridionale et occidentale, où les fils cadets du duc de Bavière et de l'empereur « trustaient » les évêchés, au mépris des interdictions de cumul édictées par le concile de Trente.

L'édit de restitution suscita une très grande inquiétude parmi les États de l'Empire : il semblait que Ferdinand II se disposait à faire évoluer la constitution du Saint-Empire dans le sens de l'absolutisme et à réduire les prérogatives religieuses des États de l'Empire. Comme le fait observer V.-L. Tapié, l'édit de restitution est « l'un des événements les plus graves de la guerre[1] ». Alors que Ferdinand II était maître de la situation au plan militaire, il donna aux protestants des raisons de poursuivre le combat.

La paix de Prague, signée en 1635, paraissait être de nature à renforcer le pouvoir impérial. Ce traité comportait des clauses (art. 66 et 67) prévoyant la constitution d'une armée unique, placée sous le commandement

---

1. Victor-Louis Tapié, *La guerre de Trente Ans*, Paris : SEDES, 1989, p. 172.

de l'empereur ; c'était mettre à la disposition de ce dernier une force armée permanente lui permettant d'imposer dorénavant sa volonté. Mais ces avantages furent immédiatement remis en question et des négociations ultérieures débouchèrent sur l'établissement de quatre commandements indépendants, ce qui annula les effets militaires du traité, qui ne fut de toute façon pas appliqué.

Ces moments où un absolutisme impérial parut envisageable furent contrebalancés par des phases de résistance des États de l'Empire qui semblèrent parfois sur la voie de la souveraineté totale. Ainsi, l'édit de restitution, victoire apparente de l'empereur, fut-il immédiatement suivi par le congrès électoral de Ratisbonne (1630), au cours duquel les princes-électeurs imposèrent à Ferdinand II le renvoi de Wallenstein. Et l'opposition fut menée par Maximilien de Bavière, qui était catholique : cela interdit d'analyser l'attitude des princes face à l'empereur en fonction uniquement de leur appartenance confessionnelle. Les princes catholiques n'étaient pas moins jaloux de leurs prérogatives que leurs collègues protestants.

C'est pendant la « période suédoise » de la guerre (1631-1635) qu'apparurent les plus fortes menaces pour la constitution du Saint-Empire. La Suède contraignit en effet les princes protestants à conclure avec elle des alliances, qui menaient ceux-ci à la limite de la sécession vis-à-vis de l'Empire. Une évolution fut rendue possible, qui aurait pu signifier la dissolution de l'Empire et l'accès des territoires à la souveraineté, ou bien la vassalisation d'une partie importante de l'Allemagne par la Suède. La défaite de la Suède et de ses alliés à Nördlingen (1634), prélude à la réconciliation (temporaire) de presque tous les princes allemands avec l'empereur après la paix de Prague (1635) stoppa net ce risque de dislocation.

En 1648, aucune de ces tendances contradictoires ne s'imposa, et le traité d'Osnabrück (c'est-à-dire celui des traités de Westphalie qui fut signé entre l'empereur, la Suède et les princes protestants) constitua un compromis entre des voies extrêmes. Le caractère corporatif (*ständisch*) de la constitution de l'Empire fut accentué. Les droits propres de l'empereur (*jura reservata*) furent affaiblis au profit des droits qu'il partageait avec la Diète (*jura comitialia*). Tous les États de l'Empire se virent reconnaître le libre exercice de la « supériorité territoriale » (*Landeshoheit*) en matière temporelle et religieuse. Les textes français de l'époque parlent volontiers de « souveraineté territoriale », mais ce terme occulte (intentionnellement, sans doute) le fait que les États de l'Empire ne sont pas souverains, demeurant les vassaux de l'empereur et soumis aux tribunaux de l'Empire. Le droit de tous les États de l'Empire à participer, par le biais de la Diète, à l'ensemble des affaires concernant l'Empire (législation, interprétation des lois, déclarations de guerre et signatures de paix) est garanti. De même, les États de l'Empire se voient reconnaître le droit de conclure des alliances entre eux et avec des puissances étrangères, sous réserve (purement formelle, comme la suite le prouvera) que ces alliances ne soient dirigées ni contre l'Empire, ni contre l'empereur et ne perturbent pas la paix publique.

La guerre de Trente Ans avait été préparée par la paralysie de l'ensemble des institutions de l'Empire, et particulièrement de la Diète, par des conflits religieux. Pour prévenir le renouvellement de cette situation, une clause du traité d'Osnabrück exclut, pour les questions religieuses, toute décision majoritaire à la Diète, qui aurait systématiquement tourné à l'avantage des catholiques. Une procédure, nommée *itio in partes* (division en parties), fut instituée : elle prévoyait que la classique délibération par collèges ferait alors place à une délibération par groupes confessionnels. Les catholiques (*Corpus Catholicorum*) et les protestants (*Corpus Evangelicorum*) se réuniraient séparément, puis tenteraient de concilier leurs points de vue dans le cadre d'une *amicabilis compositio*. Le traité d'Osnabrück apporta un élément de règlement de la question religieuse en établissant une « année de référence » (*Normaljahr*) : pour les affaires religieuses (sécularisation des biens, exercice du culte), l'année 1624 servirait de norme à laquelle il faudrait revenir. Les traités ne purent pourtant évacuer le problème religieux, qui continua de peser sur la vie politique du Saint-Empire. Des tensions étaient d'ailleurs prévisibles : les traités avaient proclamé le principe de parité confessionnelle, mais la catholicité de l'Empire n'était pas fondamentalement remise en question. Les protestants avaient des raisons de considérer qu'ils étaient sortis vainqueurs de la guerre, mais les catholiques conservaient les postes clefs : l'empereur, l'archichancelier (l'archevêque de Mayence) et le président de la Chambre de justice d'Empire (*Kammerrichter*) étaient catholiques[1]. Le déséquilibre allait d'ailleurs s'avérer de plus en plus flagrant : les États de l'Empire

---

1. Karl Otmar von Aretin, *Das Alte Reich 1648-1806*, Stuttgart : Klett-Cotta, 1997, t. 1, p. 169.

catholiques étaient les plus nombreux, mais aussi les plus faibles ; seuls l'électeur de Bavière et quelques évêques disposaient d'une armée. Le rapport de force était incontestablement en faveur des protestants, mais la constitution du Saint-Empire ne traduisait guère cette donnée au niveau institutionnel.

Les décisions du congrès de Westphalie (essentiellement les clauses du traité d'Osnabrück) permirent de stabiliser la constitution du Saint-Empire et d'établir des rapports juridiques qui devaient perdurer jusqu'en 1806. D'ailleurs, les traités de Westphalie furent déclarés loi fondamentale de l'Empire. Il est vrai que de nombreux historiens portent un jugement critique sur cette stabilisation constitutionnelle, qu'ils envisagent plutôt comme une stérilisation. Les traités de Westphalie confirment une tendance qui s'était déjà nettement affirmée pendant la guerre de Trente Ans : l'internationalisation de la politique allemande. Le conflit avait vu l'intervention, sur le sol allemand, de puissances étrangères, essentiellement de l'Espagne, de la Suède et de la France. Cette internationalisation fut confirmée par la reconnaissance à la France et à la Suède d'un rôle de garants des traités, qui leur donnait en quelque sorte un droit d'intervention dans les affaires allemandes. Plusieurs territoires allemands (dont l'archevêché de Brême, l'évêché de Verden et une partie de la Poméranie) passèrent sous la domination de la Suède, sans pour autant être détachés du Saint-Empire : la reine de Suède devint ainsi princesse d'Empire et, à ce titre, fut représentée à la Diète, où siégeait d'ailleurs aussi le représentant du roi d'Espagne. Par contre, le roi de France ne put obtenir le même privilège.

Les clauses et les conséquences des traités de Westphalie ont pesé d'un poids très lourd sur l'histoire du Saint-Empire dans la deuxième moitié du XVIIe et au XVIIIe siècle. Les traités ménageaient la possibilité de deux types d'évolution, mis en lumière par Karl Otmar von Aretin[1]. L'Empire pouvait conserver sa structure hiérarchique, fondée sur l'inégalité entre les États de l'Empire, marquée par exemple par la position privilégiée des princes-électeurs ; l'autre voie consistait à faire de l'Empire une fédération de princes égaux en droits et en dignité. La structure hiérarchique, qui garantissait la survie politique des plus faibles, laissait à l'empereur des possibilités bien plus larges de faire valoir son autorité. La France et la

---

1. Karl Otmar von Aretin, *op. cit.*, t. 1, p. 158-172.

Suède pesèrent donc de tout leur poids pour imposer la voie fédérative : la participation de l'ensemble des États de l'Empire aux négociations de Münster et d'Osnabrück (contre Ferdinand III, qui ne voulait admettre que les princes-électeurs) fut un succès. Mais l'Empire n'en conserva pas moins sa structure hiérarchique, marquée notamment par les garanties offertes par le traité d'Osnabrück à la chevalerie d'Empire, clientèle privilégiée des Habsbourg.

Pour les Habsbourg, les traités de Westphalie eurent des effets contradictoires. La position de l'empereur était indéniablement affaiblie : la perspective de l'établissement d'un « absolutisme d'Empire » (*Reichsabsolutismus*) était définitivement écartée. Mais des avantages significatifs, au niveau des Pays héréditaires (c'est-à-dire de l'Autriche et de la Bohême), résultaient du traité d'Osnabrück : les Pays héréditaires étaient exemptés des clauses concernant l'« année de référence » et les restitutions. Cela signifiait que l'empereur pouvait imposer à ses sujets d'Autriche et de Bohême l'exercice de la religion catholique (quelques exceptions étaient néanmoins prévues) et que les biens qui avaient été confisqués et acquis par ses partisans resteraient aux mains de ceux-ci. L'empereur, non pas en tant qu'empereur, mais en tant que prince territorial, était l'un des grands bénéficiaires des traités de Westphalie[1]. D'ailleurs, même les pertes territoriales subies par les Habsbourg en Alsace ne se firent pas au détriment de Ferdinand III, mais de la branche tyrolienne de la Maison d'Autriche.

II. La constitution du Saint-Empire après 1648

A. La Diète perpétuelle de Ratisbonne

Le congrès de Westphalie ne régla pas l'ensemble des problèmes constitutionnels du Saint-Empire : les problèmes en souffrance devaient être traités lors d'une prochaine Diète, qui devait être convoquée six mois après la ratification des traités, mais qui ne se réunit qu'en 1653, à Ratisbonne. À l'issue de cette Diète (1654) fut promulgué un recès d'Empire, connu sous le nom de « dernier recès d'Empire » (*jüngster Reichsabschied*), qui repoussait à son tour un certain nombre de délibéra-

---

1. Harm Klueting, « Das Reich und Österreich 1648-1740 », in : Wilhelm Brauneder et Lothar Höbelt (Dir.), *Sacrum Imperium. Das Reich und Österreich 996-1806*, Wien-München-Berlin : Amalthea, 1996, p. 174.

tions à une Diète qui devait proroger celle de 1653-54. Cette Diète, qui fut réunie à Ratisbonne en 1663, ne fut plus dissoute et siégea sans interruption jusqu'en 1806. Elle reçut, pour cette raison, le nom de « Diète perpétuelle » (*Immerwährender Reichstag*)[1]. Le fait que cette Diète ne fut pas davantage capable d'apporter une solution aux questions constitutionnelles laissées en suspens en 1648 s'explique dans une certaine mesure par une tendance fâcheuse qui allait s'affirmer entre 1663 et 1806 : le règlement des problèmes juridiques et constitutionnels susceptibles d'engendrer des conflits entre l'empereur et les États de l'Empire était systématiquement différé, chaque partie attendant que l'autre se lasse[2].

Le mode de fonctionnement de la Diète perpétuelle reprenait celui des Diètes précédentes. Les trois collèges délibéraient séparément, sauf lorsque des questions religieuses amenaient à recourir à la procédure de l'*itio in partes*. La composition du collège des princes-électeurs subit plusieurs modifications. La première intervint dès 1648 : les traités de Westphalie confirmèrent la possession par le duc de Bavière de l'électorat enlevé au comte palatin du Rhin, puni pour sa tentative avortée de ravir aux Habsbourg la royauté en Bohême. Mais un huitième électorat fut créé pour le fils du comte palatin du Rhin. Il y avait donc huit princes-électeurs, mais jusqu'en 1708 le roi de Bohême participa uniquement aux élections impériales. En 1692 fut créé un neuvième électorat pour le duc de Hanovre. L'extinction de la ligne bavaroise des Wittelsbach en 1777 ramena le nombre des électeurs à huit. Une recomposition du collège électoral eut lieu en 1803, portant le nombre des électeurs à dix.

L'existence d'une Diète siégeant sans interruption correspondait à une nécessité. Après 1648, l'empereur fut lié pour tous les actes législatifs à la Diète, et il n'était dans ces conditions plus envisageable de confier des tâches toujours plus nombreuses et plus complexes à un organisme siégeant temporairement. Ce caractère permanent ainsi que la spécificité des tâches firent évoluer le statut des participants. Avant 1663, les princes mettaient un point d'honneur à participer personnellement aux Diètes. À

---

1. Voir notamment Walter Fürnrohr, *Der immerwährende Reichstag zu Regensburg*, Regensburg-Kallmünz : Lassleben, 1963 et Heinz Wenkebach, *Bestrebungen zur Erhaltung der Einheit des Heiligen Römischen Reiches in den Reichsschlüssen von 1663 bis 1806*, Aalen : Scientia Verlag, 1970.
2. H. Duchhardt, *op. cit.*, p. 171.

partir de 1663, ils se firent représenter par des délégués, généralement des juristes.

La Diète perpétuelle eut essentiellement le caractère d'un congrès diplomatique ; les puissances étrangères, dont la France, y entretenaient des légations. L'œuvre législative de la Diète resta modeste, essentiellement limitée au domaine économique. Un succès relatif couronna en 1681 de longues négociations sur l'« armement de l'Empire » (*Reichskriegsverfassung*), c'est-à-dire la constitution d'une armée permanente[1]. Il s'agissait là de l'un des problèmes laissés en suspens depuis la période de la réforme de l'Empire. Dans la deuxième moitié du XVIIe siècle, une suite de conflits contre la France et l'Empire ottoman ramena la question à l'ordre du jour. Le Saint-Empire en tant que tel ne disposait pas d'armée permanente et sa défense devait être assurée par les troupes de l'empereur ou celles des États armés (*armierte Reichsstände*). Le recès d'Empire de 1555 avait prévu de confier en cas de nécessité la levée d'une armée aux Cercles (*Reichskreise*). L'importance des contingents était déterminée par la matricule de Worms, fixée en 1521, plusieurs fois révisée depuis lors, mais qui prévoyait des effectifs insuffisants. En 1670, Léopold Ier réussit à faire adopter par la Diète une constitution militaire prévoyant la levée et l'entretien de 40 000 hommes en temps de paix et de 60 000 en temps de guerre. La mesure devait rester en vigueur pendant six ans et les Cercles étaient chargés de son application. En 1681, la mesure prit un caractère définitif.

L'établissement et le développement de cette constitution militaire de l'Empire fut l'un des axes prioritaires de la politique de Léopold Ier. Il s'agissait bien entendu de donner au Saint-Empire les moyens de se défendre contre ses ennemis, les Turcs et les Français. Mais la question militaire était aussi étroitement liée à la politique intérieure et elle concernait directement la répartition des pouvoirs et des influences à l'intérieur du Saint-Empire. À travers l'armement de l'Empire, Léopold Ier visait à restaurer le pouvoir impérial en s'assurant le contrôle des affaires militaires de l'Empire et des choix stratégiques, ainsi que la disposition des moyens financiers. La mesure visait essentiellement les États de médiocre importance nombreux en Allemagne du Sud et de l'Ouest. L'attitude de

---

[1]. Hans Angermeier, *Das alte Reich in der deutschen Geschichte. Studien zu Kontinuitäten und Zäsuren*, München : Oldenburg, 1991, p. 420-448.

Léopold Ier suscita notamment l'opposition de l'électeur de Brandebourg, qui n'était pas foncièrement hostile au principe de la constitution d'une armée d'Empire, mais qui aurait souhaité en assurer lui-même le commandement.

La portée proprement militaire de l'armement de l'Empire resta limitée. L'armée d'Empire n'eut jamais qu'une efficacité très réduite, dans la mesure où elle était composée de contingents sans unité et où les États armés, donc les plus puissants, dont les territoires s'étendaient sur plusieurs Cercles, répugnaient à diviser leurs forces militaires et à en abandonner le commandement.

B. Les Cercles d'Empire

Les négociations concernant l'« armement de l'Empire » signalent l'importance accrue prise après 1648 par les Cercles d'Empire. La politique des Cercles montre que la deuxième moitié du XVIIe siècle vit encore des initiatives qui auraient pu donner des impulsions nouvelles à la constitution du Saint-Empire. C'est essentiellement autour des associations de Cercles (*Kreisassoziationen*) que se développèrent ces initiatives[1]. Les associations permirent aux Cercles, qui avaient été fondés en tant qu'unités administratives, de s'imposer sur le plan politique.

Les traités de Westphalie avaient reconnu aux États de l'Empire le droit de conclure des alliances, même avec des puissances extérieures. Les États devenaient de ce fait des acteurs au niveau de la politique internationale. Mais seuls les États les plus puissants, ceux surtout qui disposaient d'une armée, pouvaient tirer avantage de cette situation. Le développement des États les plus puissants au détriment des plus faibles semblait être la conséquence inévitable des traités de Westphalie ; il en aurait résulté un facteur de déséquilibre dangereux pour la stabilité constitutionnelle du Saint-Empire. Si cette évolution fut provisoirement enrayée, c'est aussi parce que les États les plus faibles s'organisèrent, et les associations de Cercles leur fournirent un cadre institutionnel. De telles associations avaient d'ailleurs été prévues par une ordonnance promulguée à Augsbourg en 1555 (*Reichsexecutionsordnung*). Les promoteurs de ces associations (notamment les archevêques de Mayence) pouvaient exciper du droit d'alliance reconnu aux États de l'Empire : néanmoins, l'alliance

---

1. Voir K. O. von Aretin, *Das Reich, op. cit.*, p. 167-208.

des Cercles avec des puissances étrangères suscita l'hostilité des empereurs et fut à l'origine de tensions entre Lothaire-François de Schönborn, archevêque de Mayence, et l'empereur Joseph Ier, au cours de la guerre de Succession d'Espagne.

L'orientation générale des ces associations fut dictée par la politique allemande et internationale. Le but poursuivi était toujours identique : le maintien de la paix. Dans la période suivant immédiatement 1648, les États de l'Empire (et surtout les plus faibles d'entre eux) craignaient une reprise des hostilités et voulaient empêcher l'empereur de porter secours au roi d'Espagne, toujours en guerre contre la France (la paix ne sera signée qu'en 1659). Il était alors couramment admis en Allemagne que la menace pour la paix venait de la Maison d'Autriche. Dès 1651, l'archevêque de Mayence Jean-Philippe de Schönborn réussit à constituer une alliance militaire étroite unissant les Cercles du Haut-Rhin et de Rhénanie électorale. Il souhaitait étendre cette association à l'ensemble des « Cercles antérieurs » (*vordere Reichskreise*), mais le projet n'aboutit pas. Néanmoins, un modèle d'union avait été élaboré, qui inspira la création de la Ligue du Rhin en 1658. Celle-ci, il faut le préciser, unissait des États de l'Empire et non des Cercles ; la France en était membre et exerçait sur elle une sorte de protectorat. Il s'agissait toujours, dans l'esprit de Jean-Philippe de Schönborn, de tenir l'Empire à l'écart du conflit entre la France et l'Espagne. La constitution de la Ligue du Rhin permit de réaliser un projet qui avait déjà été caressé en 1651 : réunir des catholiques et des protestants dans une union dépassant les clivages religieux hérités de la guerre de Trente Ans.

L'archevêque de Mayence et ses alliés, remplis de défiance vis-à-vis de la Maison d'Autriche, considéraient que l'alliance avec la France permettrait d'établir un équilibre dans le Saint-Empire. Cette recherche d'équilibre apparaît nettement dans le fait que Schönborn, au moment où il créait la Ligue du Rhin, s'efforçait de faciliter l'élection de l'archiduc Léopold-Ignace (Léopold Ier), à laquelle la France était foncièrement hostile. Mazarin mena même quelques intrigues qui auraient pu conduire à une candidature de Louis XIV. L'équilibre fut rompu par la France, qui entra en guerre contre l'Espagne en 1667 (guerre de Dévolution) : la Ligue du Rhin ne fut pas reconduite en 1668. La politique française permit dorénavant au jeune empereur Léopold Ier, bien soutenu par une propagande active, d'opérer une inversion de rôles et d'apparaître comme un recours contre l'expansionnisme de la France et de son roi. En 1673, l'électeur de Bavière tenta vainement de constituer une association de Cercles contre l'empereur. Le temps était venu où les associations de Cercles, loin de s'opposer à l'empereur, devinrent les instruments de sa politique.

Le 30 septembre 1681, une armée française s'empara de Strasbourg en pleine paix. Ce coup de force semblait annoncer la poursuite de l'expansion française en Allemagne et obligea les Allemands à tenter de se doter de moyens de défense. Après plusieurs tentatives infructueuses, une alliance fut conclue à Laxenburg entre l'empereur, les Cercles de Franconie et du Haut-Rhin, ainsi que plusieurs princes d'Empire (10 juin 1682). Trois armées, placées sous le commandement de l'empereur, devaient être constituées, afin de protéger la frontière. La conclusion de cette union, à laquelle adhérèrent aussi la Suède et les Provinces-Unies, fit des Cercles un partenaire dans le jeu des alliances européennes. Les Cercles prenaient aussi une fonction centrale dans les affaires militaires de l'Empire, confirmant les prérogatives qui leur avaient été transférées par la constitution militaire de 1681[1].

Immédiatement après l'expiration de l'alliance de Laxenburg, les négociations reprirent : elles débouchèrent sur la formation, le 9 juillet 1686, de la Ligue d'Augsbourg. Léopold Ier avait espéré réunir l'ensemble des Cercles dans une grande alliance, mais s'était heurté à la résistance des Cercles de Souabe et de Rhénanie électorale, qui craignaient les représailles de Louis XIV. Sur le papier, la Ligue d'Augsbourg n'en avait pas moins fière allure : elle réunissait à des fins défensives les Cercles de Bavière, de Franconie, de Bourgogne (qui était possession espagnole) et du Haut-Rhin. Des traités parallèles avaient été signés avec plusieurs duchés saxons, les électorats de Bavière et de Brandebourg, la Suède. Mais l'efficacité militaire de l'alliance fut médiocre, et les contingents levés combattirent essentiellement en Hongrie, contre les Turcs. Louis XIV ne tira pas moins prétexte de l'existence de cette alliance pour entrer en guerre en 1688. La guerre, qui dura neuf ans, est connue dans l'historiographie allemande sous le nom de « guerre d'Orléans » (allusion à la succession palatine réclamée au nom de l'épouse du duc d'Orléans) ; l'historiographie française désigne couramment ce conflit sous le nom de « guerre de la Ligue d'Augsbourg ».

---

1. K. O. von Aretin, *Das Alte Reich, op. cit.*, t. 1, p. 300.

Cette guerre commença de manière catastrophique pour les Allemands, qui virent le Palatinat ravagé par les troupes du maréchal de Duras (1688-89). Cette expérience cruelle, montrant l'inanité des mesures défensives prises en accord avec l'empereur, ne fut pas étrangère à une nouvelle orientation donnée aux associations de Cercles. Dès juin 1689, les Cercles de Souabe et de Franconie conclurent une alliance défensive, à laquelle l'empereur n'eut point part. Peu avant la signature de la paix de Ryswick en 1697, les six « Cercles antérieurs » se lièrent par un pacte dont l'âme était l'archevêque de Mayence Lothaire-François de Schönborn : ils entendaient lever une armée de 60 000 hommes de manière à garantir la sécurité de la frontière allemande. Cette association se distinguait de celles qui l'avaient précédée par son intention affirmée de ne pas se dissoudre lors de la signature de la paix : elle souhaitait conserver son armée, avec des effectifs réduits, en temps de paix, ce qui ferait d'elle un facteur politique autonome d'un poids non négligeable. Cette perspective suscita l'inquiétude de Léopold Ier, qui réussit à dénouer l'alliance.

Léopold Ier voyait avec mécontentement les efforts faits par l'archevêque de Mayence pour renforcer son propre rôle politique en s'appuyant sur les Cercles. Schönborn prétendait pouvoir, en tant que chancelier de l'Empire et aux termes de l'ordonnance de 1555 (*Reichsexecutionsordnung*), réunir un congrès des Cercles, qui aurait doublé la Diète d'Empire siégeant à Ratisbonne depuis 1663.

Le point culminant de l'activité des Cercles fut atteint avec l'association de Nördlingen en 1702. La guerre qui venait de commencer (guerre de Succession d'Espagne) avait un caractère très différent de celles qui l'avaient précédée : cette fois, il n'était pas question d'une agression contre l'Empire, mais des droits des Habsbourg à la succession espagnole. Le Saint-Empire était étranger à ce conflit qui concernait les intérêts dynastiques de son souverain. Les Cercles associés à Nördlingen purent ainsi élaborer leurs propres buts de guerre : ceux-ci ne consistaient plus simplement dans le retour de la paix, mais dans la reconquête de l'Alsace, où devait être installée une série de forteresses protégeant les « Cercles antérieurs » contre de futures agressions. Ce projet n'était rien d'autre qu'une adaptation de la « Barrière » établie par les Hollandais dans les Pays-Bas espagnols. L'association de Nördlingen put même s'affirmer sur le plan international en devenant membre à part entière de l'alliance de La Haye. Dans l'esprit de Lothaire-François de Schönborn, l'association de

Nördlingen n'avait pas uniquement une fonction défensive vis-à-vis de la France : il s'agissait aussi de doter les États de l'Empire les plus faibles d'une institution chargée de les protéger contre les ambitions des États armés : en ce sens, l'association des Cercles visait au maintien du *statu quo* dans la constitution de l'Empire. C'est d'ailleurs ce qui amena finalement l'association de Nördlingen, progressivement privée d'une partie de ses membres, à resserrer ses liens avec Vienne : l'empereur apparaissait comme le meilleur garant de la survie politique des faibles, contre les tendances fédéralistes des territoires puissants comme les électorats de Brandebourg, de Saxe et de Hanovre.

C. La *Reichspublizistik*

À partir du XVIIe siècle, les penseurs politiques manifestèrent un intérêt croissant pour la nature du Saint-Empire et l'originalité de sa constitution. Cet intérêt se traduisit par la rédaction d'une série d'ouvrages qui constituent ce que l'allemand appelle la *Reichspublizistik*[1]. Le renforcement et la centralisation des monarchies nationales en Europe occidentale devait faire ressortir la spécificité de la voie suivie par l'Empire. Les bases théoriques de la réflexion menée au XVIIe siècle furent d'une part la classification des gouvernements héritée d'Aristote, d'autre part la pensée de Jean Bodin (1530-1596). Dans les *Six livres de la République*, Bodin avait donné une définition, fréquemment commentée, de la souveraineté en tant que « puissance de donner ou de casser la loi ». Et Bodin classe les régimes (monarchique, populaire ou aristocratique) en fonction de l'instance (un prince, un peuple ou une partie d'un peuple) détenant la souveraineté dans un État. À plusieurs reprises, Bodin considère le cas du Saint-Empire : il y voit une aristocratie, où la souveraineté est détenue non par l'empereur, mais par l'ensemble des États de l'Empire représentés à la Diète.

Une forme de réception des thèses de Bodin apparaît dans le *Tractatus de regimine saeculare et ecclesiastico* (1619) de Dietrich Reinkingk (1590-

---

1. Sur la *Reichspublizistik*, voir Michael Stolleis (dir.), *Staatsdenker im 17. und 18. Jahrhundert. Reichspublizistik – Politik – Naturrecht*, Frankfurt am Main : Metzner, [2]1987 ; M. Stolleis, *Geschichte des öffentlichen Rechts in Deutschland*, München : Beck, t. 1, 1988 ; Bernd Roeck, *Reichssystem und Reichsherkommen. Die Diskussion über die Staatlichkeit des Reichs in der politischen Publizistik des 17. und 18. Jahrhunderts*, Wiesbaden-Stuttgart : Steiner, 1984.

1664), professeur de droit à Giessen. Reinkingk part de la notion de souveraineté telle qu'elle avait été exposée par Bodin, mais rejette les conclusions que celui-ci en tirait. Pour Reinkingk, la constitution du Saint-Empire est monarchique et l'empereur est seul détenteur de la souveraineté indivise ; le pouvoir des princes n'est exercé que par délégation. Reinkingk défend indiscutablement un point de vue traditionnel : à ses yeux, le Saint-Empire est la quatrième monarchie prophétisée par le prophète Daniel, il est l'héritier de l'Empire de la Rome antique et son caractère monarchique est donc doublement attesté.

Ces thèses furent énergiquement réfutées par Hermann Conring (1606-1681) dans ses *Dissertationes de Germanorum Imperio Romano* (1643) : Conring s'en prend notamment à la théorie de la *translatio imperii* et rejette donc l'existence d'un lien entre le Saint-Empire et l'Empire de la Rome antique. La rupture de ce lien permettait une nouvelle définition de la position constitutionnelle de l'empereur : celle-ci ne pouvait plus être définie en fonction du droit romain (qui accordait les plus larges prérogatives au souverain), mais en fonction des sources juridiques propres au Saint-Empire, essentiellement des capitulations impériales et de la Bulle d'Or de 1356.

En 1640, Bogislaw Philipp von Chemnitz (1605-1678) fit paraître, sous le pseudonyme d'Hippolythe a Lapide, son *De ratione status in imperio nostro Romano-Germanico*. Chemnitz reprend les thèses de Bodin et affirme le caractère fédéral de l'Empire : celui-ci est, de par sa constitution, une aristocratie princière, et l'empereur ne fait qu'exercer un pouvoir délégué par les vrais détenteurs de la souveraineté : les États de l'Empire réunis dans la Diète. D'ailleurs Chemnitz exigeait qu'il soit dorénavant interdit de choisir le successeur d'un empereur dans la famille de l'ancien souverain. Ce qui singularise la position de Chemnitz, c'est sa violente hostilité envers la Maison d'Autriche. Chemnitz voyait en elle l'oppresseur de la liberté allemande et exigeait qu'elle fût exclue de l'Empire.

L'ouvrage le plus fameux de la *Reichspublizistik* est dû à la plume de Samuel Pufendorf (1632-1694), qui fit paraître son *De statu imperii germanici* (1667) sous le pseudonyme de Severinus de Monzambano. À l'époque, Pufendorf était professeur de droit à l'université de Heidelberg ; son frère était ambassadeur de Suède et lui-même fit ultérieurement carrière au service du roi de Suède. L'ouvrage le plus connu de Pufendorf est son *De Jure Naturae et Gentium Libri octo*, paru à Lund (en Suède) en 1672.

Pufendorf observe que le Saint-Empire ne correspond à aucune des catégories élaborées par Aristote, et qu'il n'est même pas possible de lui attribuer un *status mixtus*, comme l'avait fait Limnaeus. D'où la constatation fameuse : l'Allemagne est un corps irrégulier ressemblant à un monstre. Il est d'ailleurs à noter que cette formule (qui suscitera des flots de commentaires) disparaîtra de l'édition de 1670. Pufendorf se distingue de ses prédécesseurs par sa méthode : il n'entend pas spéculer sur la nature de la constitution de l'Empire, mais proposer une description aussi fidèle que possible de celle-ci. En 1676, Pufendorf publia des *Addenda dissertationi de republica irregulari*, où il répondait à ceux qui l'accusaient d'avoir nié le caractère étatique de l'Empire. Fait intéressant, Pufendorf admet alors que l'Empire est plus qu'une simple confédération d'États et que l'empereur possède une primauté manifestée par l'éminence de sa fonction judiciaire, les honneurs qui lui sont rendus et ses prérogatives féodales. Karl Otmar von Aretin fait observer que le point de vue de Pufendorf a évolué de manière nette entre 1667 et 1676, et que cette évolution rend compte du renforcement du pouvoir impérial opéré dans ces années par Léopold Ier.

La discussion sur la constitution de l'Empire s'oriente ainsi toujours davantage vers l'étude du donné politique ; les catégories aristotéliciennes et même le concept de souveraineté de Bodin perdent leur pertinence en tant qu'outil d'analyse. Cette mise en évidence et cette acceptation de la spécificité du Saint-Empire s'exprime de manière remarquable dans la formule de Johann Jacob Moser (1701-1785) : « L'Allemagne est gouvernée à la mode allemande, et de telle façon qu'aucun concept d'école et que peu de termes ou de méthodes employés dans le gouvernement d'autres États peuvent servir à faire comprendre notre mode de gouvernement ».

III. Le Saint-Empire face aux périls extérieurs : l'Empire ottoman et la France

Les difficultés intérieures connues par le Saint-Empire pendant la période moderne se doublèrent d'une série de conflits extérieurs. Nous examinerons brièvement deux affrontements de longue durée qui se déroulèrent dans des aires géographiques très différentes. Au Sud-Est, l'Empire devait affronter la menace ottomane, qui culmina lors de l'événement dramatique que fut le siège de Vienne en 1683. À l'Ouest, la France des Valois, puis des Bourbon, mena une politique fortement expansionniste, liant la recherche de gains territoriaux à l'affirmation maintes fois réitérée des droits des rois de France, successeurs de Charlemagne, à la couronne impériale. Ces deux affrontements furent certes de nature très différente. Mais des similitudes n'en sont pas moins observables : la France et l'Empire ottoman avaient un ennemi commun, la Maison d'Autriche, ce qui explique qu'entre le roi Très-Chrétien et le Sultan les contacts étaient nombreux et pouvaient déboucher sur une alliance. Pour le Saint-Empire, les guerres contre la France et contre les Turcs constituèrent des épreuves redoutables, mais ces épreuves insufflèrent une nouvelle vie à l'idée impériale et ne furent pas étrangères à la restauration du prestige de l'empereur après l'étiage consécutif à la guerre de Trente Ans.

A. Le combat contre les Turcs

Pendant des siècles, l'Empire ottoman fit régner la terreur dans une grande partie de l'Europe. En 1453, Mehmet II s'empara de Constantinople, mettant ainsi fin à l'existence de l'Empire romain d'Orient. En 1521, Soliman le Magnifique prit Belgrade, avant de remporter en 1526 un succès décisif à la bataille de Mohács où le roi de Hongrie Louis II Jagellon trouva la mort. Trois ans plus tard, les troupes de Soliman assiégeaient Vienne, mais furent contraintes par le mauvais temps à lever le siège. Une nouvelle offensive eut lieu en 1532. Chaque attaque se doublait de razzias dont souffraient surtout la Carinthie et la Styrie. En 1541, Bude devint la capitale d'un nouveau beylicat, ce qui signifiait l'intégration de la plus grande partie de la Hongrie dans l'Empire ottoman. Le tournant du XVIe au XVIIe siècle fut marqué par une longue guerre entre l'empereur Rodolphe II et l'Empire ottoman (1593-1606). Les hostilités reprirent en 1662 et furent conclues par une victoire des armées chrétiennes sur la Raab (près du couvent de Saint-Gotthard) en 1664. Vingt ans plus tard, les Turcs assiégeaient Vienne pour la deuxième fois : la défaite qu'ils subirent au Kahlenberg (12 septembre 1683) marquait en fait le début d'une série de revers qui se poursuivit jusqu'à la signature du traité de Karlowitz, en 1699 : l'empereur récupéra alors la plus grande partie de la Hongrie avec la Transylvanie.

Simultanément, des opérations se déroulaient en Méditerranée, impliquant les Turcs ou leurs alliés barbaresques. Les Turcs débarquèrent à Otrante (dans les Pouilles) en 1480. Charles Quint réussit à s'emparer de

Tunis en 1535, mais échoua devant Alger six ans plus tard. En 1571, les galères de Philippe II, du pape et de Venise remportèrent la victoire de Lépante, qui mettait fin à la domination maritime turque en Méditerranée. À l'exception des deux sièges de Vienne et de nombreuses razzias, cruelles mais ponctuelles, le territoire du Saint-Empire fut épargné par les opérations militaires (contrairement à ce qui se passa lors des guerres contre la France). Pourtant, les guerres contre l'Empire ottoman eurent une répercussion énorme dans l'Empire, pesant lourdement sur les mentalités et la vie politique[1].

La lutte contre les Turcs eut sur le pouvoir de l'empereur des répercussions contrastées. Des guerres incessantes en Hongrie ou en Méditerranée détournaient l'empereur de l'Allemagne, augmentaient les temps d'absence qui permettaient aux États de l'Empire d'occuper la scène politique et d'exercer des fonctions régaliennes. En outre, ces guerres coûtaient cher et les empereurs étaient obligés d'avoir recours aux subsides que leur accordaient — parcimonieusement — les princes allemands. Ces subsides faisaient l'objet de tractations. Aux propagandistes impériaux qui dépeignaient les Turcs sous les traits de l'Antéchrist et brossaient des tableaux effrayants de leurs mauvaises mœurs et de leur cruauté répondaient des sceptiques comme Pufendorf, qui disaient ouvertement que la Maison d'Autriche exagérait la portée du péril pour soutirer le plus d'argent possible aux Allemands. À partir des débuts de la Réforme, un dicton circula : le Turc est le bonheur des luthériens (*Der Türk ist der Lutherischen Glück*). Ce dicton traduisait une réalité facilement observable : dans l'Empire ou dans leurs possessions patrimoniales, les Habsbourg furent amenés à faire d'importantes concessions en matière religieuse (mais aussi politique) pour obtenir des subsides destinés à la lutte contre les Turcs.

Ces concessions furent largement compensées par des avantages substantiels. Dans les discours dont les combats contre l'Empire ottoman firent l'objet, l'aspect politique était régulièrement occulté. Les Turcs étaient présentés comme les alliés de Satan assaillant le peuple chrétien ; la lutte contre les Turcs était envisagée essentiellement comme une guerre

---

1. Voir notamment Winfried Schulze, *Reich und Türkengefahr im späten 16. Jahrhundert. Studien zu den politischen und gesellschaftlichen Auswirkungen einer äußeren Bedrohung*, München : Beck, 1978.

menée contre l'ennemi de la chrétienté : or la croisade était, par excellence, une mission impériale. Il appartenait à l'empereur, avoué de l'Église, de conduire la croisade ce qui lui permettait, en cette circonstance au moins, d'affirmer sa prééminence face autres souverains de la chrétienté. On comprend dans ces conditions l'importance de l'idée de croisade pour Charles Quint : la guerre contre les Turcs était une nécessité politique, mais aussi une affaire de prestige. François Ier avait de bonnes raisons d'éluder les sollicitations de l'empereur[1]. C'est à la lumière de pareilles données qu'il faut interpréter une affirmation omniprésente dans la propagande impériale : seule l'union des princes chrétiens peut assurer la victoire sur les Turcs, et les princes qui refusent l'union (qui, dans ce cas précis, implique une forme de soumission à l'empereur) se comportent en traîtres à la chrétienté. Les Habsbourg disposaient là d'une arme de choix contre les rois de France.

Sur le plan de la politique intérieure, les guerres contre les Turcs avaient un effet éminemment stabilisateur : le caractère souvent préoccupant de la situation militaire, mais aussi une propagande intense et habilement menée permirent de renforcer la solidarité autour de l'empereur et d'inhiber certains conflits. Il est par exemple très significatif que la paralysie des institutions de l'Empire qui précéda la guerre de Trente Ans débuta après l'armistice de Zsitva-Torok (1606) qui mit fin aux hostilités contre l'Empire ottoman.

Longtemps, les guerres contre l'Empire ottoman furent essentiellement défensives et le nombre des défaites excéda celui des victoires. Cela changea à partir de 1683, après l'échec du siège de Vienne par les Turcs. La libération de Vienne valut à Léopold Ier un prestige immense dans la chrétienté entière ; la série de victoires qui ponctua les dernières années du siècle jusqu'au traité de Karlowitz permit aux thuriféraires des Habsbourg de s'en donner à cœur joie. Dans la profusion des thèmes développés dans ce cadre, il en est un, particulièrement significatif, qui mérite d'être signalé : celui du parallélisme des Ottomans et de la Maison d'Autriche. Il s'agit d'un thème récurrent de la propagande des Habsbourg, d'ailleurs déjà énoncé avant 1683, mais repris maintenant avec une conviction accrue. En 1689, un pamphlétaire anonyme retrace la naissance de l'Empire ottoman, l'accroissement de sa puissance et la menace croissante

---

1. P. Rassow, *Die Kaiser-Idee Karls V.*, *op. cit.*, p. 96.

qu'il représente pour la chrétienté qu'il n'aurait pas manqué de submerger si la Providence divine, au même moment, n'avait suscité la Maison d'Autriche, chargée d'anéantir ces forces maléfiques. D'ailleurs, poursuit le pamphlétaire, le rôle de la Providence apparaît évidemment dans les conquêtes opérées par les deux Empires, qui finirent par avoir une frontière commune en Hongrie : tout est en place pour l'affrontement final qui ne saurait se conclure que par la victoire de la Maison d'Autriche, à qui est promise une domination universelle.

Cet exemple permet de donner un aperçu de la modalité spécifique du développement de l'idée impériale dans la deuxième moitié du XVIIe siècle. Cette idée impériale est marquée par des réminiscences médiévales présentes notamment dans les allusions au thème messianique de l'« empereur des derniers jours » qui devait déposer sa couronne sur le Mont des Oliviers après avoir vaincu les Infidèles. Mais la sainteté de l'Empire est moins liée à l'institution qu'à la piété spéciale (la « piété autrichienne[1] ») des princes de la Maison d'Autriche. De la lutte contre les Turcs, la Maison d'Autriche a retiré un bénéfice considérable en termes de prestige ; il est vrai que ce prestige n'a pas manqué de rejaillir sur le Saint-Empire qui a recouvré pour un temps son rôle traditionnel de protecteur de la chrétienté contre les Infidèles[2].

Les victoires remportées par les armées impériales contre les Turcs et les conquêtes qui s'en sont ensuivies ont amené une inflexion nouvelle de l'idée d'Empire. Elles ont permis une exaltation de l'idée impériale et la réactivation de représentations enracinées dans la tradition médiévale, mais elles ont aussi favorisé la concentration des intérêts politiques des Habsbourg sur des zones périphériques ou extérieures au Saint-Empire et ont de ce fait préparé la constitution de la « Monarchie autrichienne » et le retrait des empereurs hors du Saint-Empire qui allait être l'un des traits caractéristiques du XVIIIe siècle.

B. La France et le Saint-Empire

Les pamphlétaires allemands du XVIIe siècle ont volontiers mis en parallèle la menace ottomane et la politique étrangère française, et il est par

---

1. Voir Anna Coreth, *Pietas Austriaca. Ursprung und Entwicklung barocker Frömmigkeit in Österreich*, München : Oldenburg, 1959.
2. K. F. Werner, *op. cit.*, p. 367.

exemple incontestable que Louis XIV ne fut pas totalement étranger à la présence d'une armée turque sous les murs de Vienne en 1683[1]. Mais cette perspective polémique était très réductrice, dans la mesure où les deux phénomènes étaient de nature totalement différente. L'intérêt manifesté par les gouvernants français au Saint-Empire concernait plusieurs plans. Il y avait d'une part une revendication, toujours prête à renaître, concernant la couronne impériale. Les rois de France s'accommodaient mal de la primauté détenue par les empereurs et profitaient de toutes les occasions pour contester les prérogatives de ceux-ci. Il en résulta différentes attitudes, les unes défensives (l'affirmation, par exemple, que « le roi de France est empereur en son royaume »), les autres plus agressives (la candidature déclarée de François Ier à l'élection impériale de 1519). Très révélatrices sont les déclarations de Louis XIV dans les *Mémoires pour l'instruction du dauphin* : le Roi-Soleil déclare que les Allemands avaient usurpé une couronne qui devait revenir aux rois de France et que lui-même se refusait « à rendre plus d'honneur qu'on ne devrait au vain nom et à la légère ombre de leur Empire ». Très tôt, la France cultiva sa propre tradition impériale, fondée essentiellement sur le souvenir de Charlemagne et sur l'application à certains rois de France des prophéties messianiques concernant l'« empereur des derniers jours »[2].

Les relations entre la France et le Saint-Empire furent dans une large mesure déterminées par l'affrontement entre les rois de France, Valois, puis Bourbon, et la Maison d'Autriche. Lorsque les Habsbourg eurent récupéré les héritages bourguignon (ils héritèrent à cette occasion de l'antagonisme entre Louis XI et Charles le Téméraire) et espagnol, la France fut prise en tenaille de trois côtés. L'accomplissement du projet politique de Charles Quint aurait de toute manière réduit la France à n'être plus qu'une puissance de seconde zone ; le traité de Madrid (1526), conclu après la catastrophe de Pavie, mettait les armées de l'empereur à Auxerre ! Le simple fait que les Habsbourg continuèrent à se dire ducs de Bourgogne signale le péril mortel qu'ils représentaient pour l'intégrité du royaume de France. L'antagonisme entre la monarchie française et les Habsbourg fut, pendant près de deux siècles et demi, une donnée majeure

---

1. Jean Schillinger, *Les pamphlétaires allemands et la France de Louis XIV*, Bern : Lang, 1999, p. 494-495.
2. Sur cette tradition, voir notamment Alexandre Y. Haran, *Le Lys et le Globe. Messianisme dynastique et rêve impérial en France aux XVIe et XVIIe siècles*, Seyssel : Champ Vallon, 2000.

de la politique européenne, qui ne disparut qu'avec le « renversement des alliances » opéré en 1756. Pendant cette période, les rois de France s'efforcèrent d'affaiblir les Habsbourg, et ils firent porter l'essentiel de leurs efforts sur la zone géopolitique où les positions de leurs adversaires étaient le moins fermement assises, c'est-à-dire sur l'Allemagne. Deux moyens, qui ne s'excluaient pas, furent mis en œuvre : la constitution d'un « parti français » parmi les princes allemands permettant d'intervenir dans les affaires intérieures de l'Empire et les empiétements territoriaux étendant le royaume vers l'Est.

Dès François Ier, une propagande intense présenta le roi de France comme le meilleur défenseur des « libertés allemandes », c'est-à-dire des privilèges des princes que les Habsbourg étaient accusés de vouloir éliminer au profit de la « servitude espagnole ». Cette politique porta ses fruits dès 1552 : par le traité de Chambord, Henri II s'allia avec les princes allemands en lutte contre Charles Quint, par lesquels il se fit reconnaître un « vicariat d'Empire » (totalement illégal) sur les trois villes de Metz, Toul et Verdun, qui furent occupées, avant d'être définitivement annexées en 1648. De manière très nette, le Saint-Empire faisait les frais de la politique dynastique et européenne des Habsbourg ; cela ne devait pas être la dernière fois. En 1658, Mazarin réussit à faire admettre la France dans la Ligue du Rhin, constituée par Jean-Philippe de Schönborn pour empêcher Ferdinand III d'impliquer l'Empire dans la guerre entre la France et l'Espagne ; la Ligue du Rhin fut, pendant dix ans, l'instrument de l'influence française en Allemagne. Le succès le plus éclatant fut obtenu en 1742. Après de multiples tentatives, la France réussit à arracher aux Habsbourg la couronne impériale et à faire élire un Wittelsbach, qui régnera sous le nom de Charles VII. Sans une aide massive de la France, l'élection du Wittelsbach n'aurait jamais été envisageable[1]. Mais l'aventure se termina très mal, et la couronne revint dès 1745 aux Habsbourg, ou plus exactement à François de Lorraine, époux de Marie-Thérèse.

Si l'on compare la carte politique de l'Europe en 880 (lors de la signature du traité de Ribemont fixant les frontières occidentales de la Lotharingie) et en 1766 (rattachement du duché de Lorraine à la France) on ne peut manquer d'être frappé par la progression territoriale de la France

---

1. Heinz Duchhardt, *Altes Reich und europäische Staatenwelt 1648-1806*, München : Oldenburg, 1990, p. 35.

vers l'Est, en direction du Rhin et des Alpes, au-delà d'une limite initiale dite des « quatre rivières » (le tracé suivait, approximativement, le cours de l'Escaut, de la Meuse, de la Saône et du Rhône). Cette progression s'effectua essentiellement à partir du XIVe siècle et ne concerna au départ guère l'espace lorrain : c'est en direction du Sud-Est que la domination des Capétiens, puis des Valois s'étendit d'abord : le royaume de Bourgogne était, pour l'Empire, particulièrement difficile à défendre. On peut rappeler brièvement quelques repères chronologiques. Le Vivarais et Lyon passèrent sous la domination française au début du XVIe siècle : il s'agissait là des principaux saillants de l'Empire sur la rive occidentale du Rhône. En 1349, Charles V acheta le Dauphiné, d'abord tenu en fief de l'Empire. La Provence fut acquise par héritage en 1480. En 1601, Henri IV mit la main sur la Bresse et le Bugey. De l'ancien royaume de Bourgogne, l'Empire ne conservait que la Savoie et la Franche-Comté. La Savoie resta terre d'Empire jusqu'en 1792, alors que la Franche-Comté fut cédée à la France par le traité de Nimègue (1678).

En Lorraine, la progression française fut plus tardive. Certes, le traité de Bruges (1301) reconnut au roi de France la suzeraineté sur une partie du Barrois (appelé pour cette raison « Barrois mouvant »), mais ce n'est qu'en 1552, consécutivement au traité de Chambord, que Metz, Toul et Verdun furent occupés. Malgré un siège de quatre mois (1552-1553), Charles Quint ne put reprendre Metz. Lorsque Richelieu fit entrer la France dans la guerre de Trente Ans, il avait l'intention d'annexer le duché de Lorraine. La résistance du duc et des Habsbourg amena son successeur, Mazarin, à se tourner vers l'Alsace. Par le traité de Münster, les Habsbourg cédèrent au roi de France leurs droits en Alsace : il s'agissait de territoires (le Sundgau et Brisach, le landgraviat de Haute-Alsace) et de droits assez mal définis (landgraviat de Basse-Alsace, préfecture de la Décapole). La France consacra les années suivant les traités de Westphalie à transformer ces droits en souveraineté, au mépris du maintien de l'immédiateté d'Empire stipulé dans le traité de Münster (en termes ambigus, il est vrai). En 1679, toutes les villes de la Décapole furent contraintes de prêter serment d'obéissance à Louis XIV et furent annexées purement et simplement à l'intendance d'Alsace. Le 30 septembre 1681, en pleine paix, Strasbourg fut contraint à la capitulation.

Parallèlement, la monarchie française avait entrepris de mettre en œuvre ce qu'on appelait les « réunions » : il s'agissait de rechercher et d'annexer toutes les terres qui, à un moment ou à un autre, avaient constitué des dépendances (aux termes du droit féodal) des territoires cédés à la France par les traités de Münster ou de Nimègue. Du point de vue juridique, les réunions étaient fondées sur le principe de l'inaliénabilité du domaine royal français et de l'imprescriptibilité des aliénations. Les nobles dont les terres étaient déclarées « réunies » disposaient d'un délai réduit pour reconnaître solennellement le roi de France pour suzerain. La politique des réunions permit des gains territoriaux spectaculaires au Palatinat, en Alsace, dans le duché de Lorraine, en Franche-Comté et dans les Pays-Bas. Le traité de Ryswick (1697) laissera à la France Strasbourg et les réunions opérées en Alsace.

La prise de Strasbourg et les réunions suscitèrent une vive émotion en Allemagne : la France perdit les avantages moraux que lui assurait sa fonction de garant des traités de Westphalie et de protecteur traditionnel des « libertés allemandes ». L'Empire dut renoncer à des territoires, mais le pouvoir et le prestige de l'empereur connurent une remarquable embellie. Seize mois de négociations suffirent à Léopold Ier pour à faire adopter par la Diète de Ratisbonne une loi sur l'armement de l'Empire (1681) : l'armée dont la constitution fut ainsi prévue se révéla médiocrement opérationnelle, mais l'empereur avait remporté là une victoire politique d'autant plus remarquable que la diplomatie française et l'électeur de Brandebourg avaient tout fait pour l'empêcher[1].

Pour affaiblir ou anéantir la position de l'empereur, les autorités françaises s'efforcèrent à plusieurs reprises d'imposer des modifications de la constitution du Saint-Empire. Cette entreprise, esquissée en 1648, fut parachevée par Napoléon Bonaparte. En 1742, la France réussit à faire accéder un Wittelsbach, Charles VII, au trône impérial, mais à la mort de celui-ci (1745), il était patent que des tentatives de cet ordre étaient vouées à l'échec. D'où l'idée de supprimer purement et simplement la fonction impériale. En 1745, René-Louis d'Argenson, secrétaire d'État aux affaires étrangères, élabora un projet visant à éliminer la structure hiérarchique et féodale de l'Empire pour la remplacer par un ordre fédératif placé sous la garantie de la France[2]. D'Argenson demanda à La Noue, représentant du roi de France auprès de la Diète d'Empire, de vanter aux princes alle-

---

1. K. O. von Aretin, *Das Alte Reich, op. cit.*, t. 1, p. 286-298.
2. *Ibid.*, t. 2, p. 467.

mands les avantages de l'anarchie (c'est-à-dire d'une constitution confédérale similaire à celle des Cantons helvétiques ou des Pays-Bas) et d'intriguer « pour voir s'il serait possible d'imaginer que la Diète Électorale pût, nonobstant la Bulle d'or, se dispenser de donner un chef à l'Empire »[1]. Ces projets furent immédiatement rendus caducs par l'élection de François de Lorraine.

IV. Le dualisme austro-prussien

L'histoire de l'Empire au XVIIIe siècle fut largement dominée par l'affrontement entre l'Autriche et la Prusse. Le dualisme austro-prussien constitua l'un des facteurs d'affaiblissement de l'Empire, mais la disparition de celui-ci, en 1806, n'en résulta pas directement : c'est la Révolution française puis la réorganisation de la carte politique européenne par Napoléon Ier qui conduisirent l'empereur François II à renoncer à la couronne impériale.

A. Le dilemme de la Maison d'Autriche

L'historien anglais Joachim Whaley a présenté ainsi la situation des Habsbourg : « Pendant tout le XVIIIe siècle, l'attitude des Habsbourg vis-à-vis de l'Empire a été marquée par la conscience de la tension entre leur rôle en tant qu'empereurs et les devoirs qui leur incombaient en tant que souverains des Pays héréditaires. Et il ne s'agissait là pas fondamentalement d'un choix entre deux options, mais d'une interaction complexe. Les deux fonctions étaient complémentaires et indispensables au rôle particulier des Habsbourg en Allemagne et en Europe[2] ».

Si l'on considère l'ensemble du XVIIIe siècle, on relève un mouvement qui amène les Habsbourg à se détourner progressivement du Saint-Empire pour se consacrer à la « Monarchie autrichienne ». Le terme d'« Autriche » et l'adjectif qui en dérive n'avaient alors qu'une relation très lointaine avec leur acception actuelle et pouvaient se rapporter à plusieurs entités. Il y avait d'abord le duché d'Autriche, correspondant

---

1. Cité par Bertrand Auerbach, *La France et la Saint Empire romain germanique*, Paris : Champion, 1912, p. 325.
2. Joachim Whaley, « Die Habsburgermonarchie und das Heilige Römische Reich im 18. Jahrhundert », in : Wilhelm Brauneder et Lothar Höbelt (Dir.), *Sacrum Imperium, op. cit.*, p. 313.

approximativement à l'actuel *land* de Basse-Autriche. Le Cercle autrichien englobait les pays autrichiens (c'est-à-dire l'Autriche, la Styrie, le Tyrol etc.), le Brisgau et diverses possessions en Souabe. D'autre part, il y avait l'ensemble des territoires qui constituaient les « Pays héréditaires », c'est-à-dire les pays autrichiens et la Bohême, dont la couronne était héréditaire depuis 1627. On peut rattacher à cet ensemble la Hongrie, où les Habsbourg imposèrent le principe héréditaire en 1687 (mais la Hongrie ne faisait pas partie du Saint-Empire). Pour désigner ce conglomérat, on parlera aussi de « Monarchie autrichienne ». Les Habsbourg s'efforceront de donner à cet ensemble de territoires, que ne liait initialement que la dynastie, une unité politique et économique : les réformes d'Haugwitz et de Kaunitz permettront en tout cas d'unir étroitement les pays autrichiens et la Bohême ; la Hongrie conservera toujours une très large autonomie. Enfin, la Maison d'Autriche possédait les Pays-Bas (c'est-à-dire une partie de la Belgique actuelle, moins l'évêché de Liège), qui avaient été espagnols jusqu'en 1714 : c'est tout ce qui restait du Cercle de Bourgogne. Les liens de celui-ci avec l'Empire étaient d'ailleurs très lâches : Charles Quint et Philippe II l'avaient soustrait à la juridiction des tribunaux d'Empire et la paix de religion d'Augsbourg ne s'y appliquait pas.

Le processus par lequel l'Autriche se détacha progressivement de l'Empire avait été préparé de longue date. Il suffira de rappeler le *Privilegium minus* de 1156 et le *Privilegium maius* de 1359, reconfirmé par Charles VI en 1729. L'Autriche échappait notamment au ressort de la Chambre de justice d'Empire. Dans le domaine administratif, la même tendance est observable : de la Chancellerie aulique d'Empire (*Reichshofkanzlei*), réorganisée en 1556 par Ferdinand Ier fut détachée en 1620 une chancellerie compétente uniquement pour l'Autriche.

Le choix de la résidence impériale est également révélateur. Maximilien Ier, qui avait voulu mener une politique impériale ambitieuse et active, avait cherché à se rapprocher des zones traditionnellement ouvertes à l'influence de l'empereur, l'Allemagne rhénane et du sud-ouest : il avait établi sa capitale à Innsbruck, au Tyrol. Rodolphe II avait résidé à Prague (comme la dynastie des Luxembourg), ville proche du cœur de l'Empire. Mais à partir du règne de Mathias (1612-1619) les empereurs de la Maison d'Autriche résidèrent à Vienne, dans une ville située à l'extrême périphérie du territoire de l'Empire. Le choix de Vienne marquait à la fois la renonciation à tout influence en Allemagne du nord et une large indifférence aux avantages que pouvait procurer la proximité de la clientèle traditionnelle de l'empereur. Par contre, Vienne était remarquablement située pour la conduite d'une politique centrée prioritairement sur les pays autrichiens, la Bohême et la Hongrie. Et cette politique fut grandement favorisée par les clauses du traité d'Osnabrück excluant les pays héréditaires des restitutions et du bénéfice de l'« année de référence » en matière religieuse, mais aussi par la reconquête de la Hongrie menée à partir de 1683.

La dignité impériale n'en devenait pas pour autant superflue. Car les Habsbourg régnaient au XVIIIe siècle sur un conglomérat de territoires que rien, pour l'instant, ne coordonnait : la dignité impériale détenue par le souverain commun de tous ces territoires était assurément un facteur d'unité. En tant qu'empereur, le Habsbourg avait un prestige que n'aurait pu réclamer un archiduc d'Autriche ! En outre, cette dignité était précieuse dans le cadre des négociations avec les Ottomans, puisque le Sultan revendiquait un rang impérial. Enfin, l'empereur disposait, en Allemagne, mais aussi en Italie, des possibilités ouvertes par le droit féodal : il pouvait disposer en faveur d'alliés ou de membres de sa famille de fiefs tombés en déshérence[1].

L'ambiguïté foncière de la position de l'empereur apparut avec netteté pendant le bref règne de Joseph Ier (1705-1711), qui marque à la fois un net renforcement de la position de l'empereur dans le Saint-Empire et le développement de la puissance de l'Autriche. Comme le fait observer Heinz Duchhardt, il est, dans la plupart des cas, difficile de distinguer nettement entre les deux domaines. En 1706, Joseph Ier accusa les électeurs de Bavière et de Cologne de félonie, les mit au ban de l'Empire et les priva de leurs fiefs, parce qu'ils avaient pris le parti de la France pendant la guerre de Succession d'Espagne. Cette mesure, dont la légalité était d'ailleurs contestable visait à prévenir la désintégration du Saint-Empire, mais servait aussi les intérêts dynastiques de la Maison d'Autriche[2].

Des constatations de nature similaire ont été faites à propos de la politique italienne de Joseph I[er][3]. L'engagement des empereurs en Italie avait été faible pendant les XIVe et XVe siècles. Avec Charles Quint avait com-

---

1. H. Klueting, *op. cit.*, p. 190.
2. H. Duchhardt, *Deutsche Verfassungsgeschichte, op. cit.*, p. 205.
3. Voir notamment K. O. von Aretin, *Das Reich, op. cit.*, p. 255-289.

mencé pour l'Italie l'époque de la domination espagnole : Charles Quint et ses descendants détenaient le royaume de Sicile (qui était un fief pontifical) et le Milanais (qui relevait de l'Empire). Les principaux fiefs impériaux étaient le Milanais, la Toscane, les duchés de Modène et de Parme, le Montferrat et les villes de Gênes et de Lucques. Mais il y avait en Italie plusieurs centaines de fiefs qui dépendaient théoriquement de l'Empire : tout semble d'ailleurs indiquer que Vienne ne disposait que d'informations lacunaires sur le nombre exact de ces fiefs. Le lien entre l'Italie et l'Empire n'était pas rompu. L'archevêque de Cologne était chancelier pour l'Italie, mais le titre n'était plus guère qu'honorifique. En 1742, une délégation de princes italiens assista à l'élection du Wittelsbach Charles VII. Et surtout, le Conseil aulique impérial, tribunal compétent en matière de droit féodal, continuait de traiter de nombreux procès italiens : pour le XVIIIe siècle, 540 causes furent évoquées devant le Conseil aulique, concernant, il est vrai, essentiellement des vassaux d'importance modeste.

L'extinction de la branche madrilène des Habsbourg en 1700 permit à Léopold Ier de reprendre une politique active en Italie. En 1701, le Bourbon Philippe V, petit-fils de Louis XIV (qui sera ultérieurement confirmé en tant que roi d'Espagne par le traité d'Utrecht) tenta d'obtenir l'investiture pour les fiefs d'Empire détenus par ses prédécesseurs sur le trône espagnol. En réponse, Joseph Ier fit prononcer par la Cour aulique le retour de ces fiefs à la branche autrichienne des Habsbourg, c'est-à-dire à l'empereur lui-même. Mais ce n'est qu'après le décès de Léopold Ier (1705) et consécutivement à la victoire du prince Eugène à Turin (septembre 1707) que Joseph Ier put envisager de concrétiser ses droits. Ceux-ci étaient également source de revenus non négligeables.

Le recouvrement des droits de l'Empire en Italie devint un objectif prioritaire de la politique de Joseph Ier : il ne s'agissait plus uniquement de récupérer les fiefs détenus par la branche espagnole des Habsbourg, mais aussi de restaurer la position de l'empereur en tant que suzerain des vassaux italiens. En 1708, un décret fit connaître la liste des vassaux italiens coupables de félonie vis-à-vis de l'empereur : ils furent mis au ban de l'Empire et leurs fiefs furent confisqués. La rigueur avec laquelle Joseph Ier réactiva les droits de l'Empire l'amena au conflit avec le pape. Le duc de Modène, vassal de l'empereur, fit valoir ses droits sur le comté de Comaccio, qui était enclavé dans les États pontificaux : il présenta à Vienne des titres semblant attester que Comaccio était un fief d'Empire usurpé par le pape. Joseph Ier fit occuper Comaccio, ce qui déclencha, en septembre 1708, la dernière guerre entre un pape et un empereur. Cette politique poursuivait un double objectif. Il est d'une part indubitable que Joseph Ier, très conscient de ses devoirs en tant qu'empereur, visait à restaurer les droits de l'Empire en Italie ; il maintenait de la sorte la fiction d'un Empire dont le territoire ne se restreignait pas à l'Allemagne, mais qui restait présent en Italie. Outre sa dimension politique, cette présence signalait également la fidélité aux racines de l'idéologie impériale : Joseph Ier renouait avec la tradition glorieuse des Ottoniens et des Staufen. Mais là n'était pas l'unique motivation de cette politique : l'installation des Bourbon en Italie aurait signifié la fin des droits de l'Empire, mais elle aurait aussi représenté un péril majeur pour l'Autriche, directement menacée sur sa frontière méridionale. Et certains historiens n'ont pas hésité à accuser Joseph Ier d'avoir sacrifié les intérêts de l'Empire à la construction de la puissance autrichienne. Effectivement, la politique de Joseph Ier prépara l'installation de l'Autriche en Italie, qui dura jusqu'en 1866.

Le règne du frère et successeur de Joseph Ier, Charles VI (1711-1740) présente un contraste saisissant entre une propagande impériale très active, véhiculée essentiellement par une production artistique mise au service de la glorification du souverain, et le déclin politique et militaire de la Monarchie autrichienne. Jean Bérenger a signalé le bilan médiocre du règne de cet empereur, qui consacra bien plus d'efforts à reconstituer l'Empire de Charles Quint qu'à consolider la grande puissance continentale née au lendemain de la guerre de Succession d'Espagne[1]. Mais les artistes furent chargés de célébrer la grandeur de Charles VI, et le recours au thème impérial fut l'un des fondements de cette glorification. Cela est particulièrement net dans l'église Saint-Charles (*Karlskirche*) à Vienne, édifiée par Fischer von Erlach. L'édifice est construit à la gloire conjointe de saint Charles Borromée, archevêque de Milan, et de l'empereur Charles VI : l'identité des prénoms n'est pas fortuite. Le thème impérial se traduit par des réminiscences romaines. La coupole, symbole d'universalisme, rappelle celle du Panthéon à Rome ; les deux colonnes qui précèdent la façade évoquent la colonne Trajane et les colonnes Antonines à Rome, monuments qui commémorent des victoires impériales. Les deux colonnes

---

1. J. Bérenger, *op. cit.*, p. 455-456.

de l'église Saint-Charles correspondent aussi aux deux vertus mentionnées dans la devise de Charles VI, *constantia et fortitudo* ; enfin, elles rappellent les colonnes d'Hercule qui figuraient sur le blason de Charles Quint, accompagnées de la devise « Plus oultre » qui renvoyait à un Empire dépassant en étendue celui des Romains. Les historiens de l'art ont fréquemment employé, pour désigner de telles productions artistiques, le terme de « style impérial » (*Reichsstil*), mais on a fait observer que l'appellation « style de l'empereur » (*Kaiserstil*) décrirait de manière plus adéquate une production destinée à glorifier un monarque dont la conception impériale était davantage fondée sur la Monarchie autrichienne que sur le Saint-Empire[1]. Charles VI ne fut certes pas indifférent au Saint-Empire, mais sa politique fut maladroite. Comme tant de ses prédécesseurs, il tenta de réactiver les droits régaliens de l'empereur et entra en conflit avec les villes et la chevalerie d'Empire à propos des taxes frappant les juifs[2]. Il était clair que cet intérêt pour le Saint-Empire était largement motivé par les graves problèmes financiers que rencontrait l'empereur. Le résultat fut désastreux : la tentative échoua, Charles VI suscita la méfiance de la clientèle traditionnelle des Habsbourg, et fit apparaître en pleine lumière l'opposition entre son intransigeance face aux faibles et sa complaisance face aux États de l'Empire les plus puissants.

La politique de Charles VI s'articula autour d'un axe majeur : la tentative de faire reconnaître la Pragmatique Sanction de 1713. Longtemps, les empereurs Habsbourg avaient établi des secondogénitures au profit de leurs fils cadets, ce qui avait affaibli la position des aînés, qui ne récupéraient qu'une fraction des pays patrimoniaux. Charles VI décida d'instituer l'indivisibilité de la Monarchie autrichienne et de proclamer le principe de primogéniture en ligne masculine ou éventuellement (en cas d'absence d'héritier mâle) en ligne féminine. Cela revenait à faire de sa fille Marie-Thérèse l'héritière unique de la Monarchie autrichienne, au détriment des deux filles de Joseph Ier. Charles VI déploya une activité considérable, consentit des concessions exorbitantes pour faire reconnaître la Pragmatique Sanction dans les pays de la Monarchie et par les puis-

---

1. Franz Matsche, *Die Kunst im Dienst der Staatsidee Kaiser Karls VI. Ikonographie, Ikonologie und Programmatik des « Kaiserstils »*, Berlin-New York : De Gruyter, 1981, t. 1, p. 5.
2. H. Duchhardt, *op. cit.*, p. 208.

sances européennes. Lorsqu'il mourut, en 1740, l'objectif semblait atteint, mais la suite des événements prouva que ce n'était là qu'une illusion. La Pragmatique Sanction fut un jalon important dans la constitution de la Monarchie autrichienne dont les différentes composantes étaient désormais liées de manière indissoluble sous un souverain unique. Il y avait là un facteur évident d'intégration, qui donna des résultats particulièrement sensibles dans l'espace austro-bohême, mais non négligeables aussi vis-à-vis de la Hongrie. D'autre part, la Pragmatique Sanction parachevait le *Privilegium maius* de 1359 en soustrayant définitivement l'Autriche à la suzeraineté de l'Empire.

Charles VI décédé, nul ne pensa plus à respecter ses engagements. Sous un prétexte fallacieux, Frédéric II de Prusse s'empara immédiatement de la Silésie qui dépendait du royaume de Bohême. Mais le péril le plus grave vint de la Bavière. L'électeur Charles-Albert (qui était un petit-fils de Joseph Ier) avait refusé de reconnaître la Pragmatique Sanction et revendiqua l'héritage autrichien en s'appuyant sur des clauses (mal interprétées) du testament de Ferdinand Ier. Il ouvrit les hostilités, pénétra dans les Pays héréditaires et se fit proclamer archiduc d'Autriche puis roi de Bohême. Il ne restait à Marie-Thérèse que la Hongrie, et ses sujets hongrois ne lui ménagèrent pas leur aide. En janvier 1742, Charles-Albert de Bavière fut élu empereur à Francfort. Il devait son élection à l'appui du cardinal Fleury, premier ministre de Louis XV, qui voyait là une excellente occasion de régler définitivement au profit de la France le vieil antagonisme qui l'opposait à la Maison d'Autriche. Mais au moment où il recevait la couronne impériale, Charles VII perdait la Bavière, occupée par les troupes autrichiennes : il passa l'essentiel de son règne à Francfort-sur-le-Main, où il transféra d'ailleurs la Cour aulique d'Empire et la Diète ; mais son autorité ne dépassa guère les murailles de la ville. Dépourvu d'armée, n'existant que par les subsides que lui versait la France, Charles VII ne fut qu'un empereur fantoche. À sa mort (1745) son fils s'empressa de renoncer à toute prétention sur l'héritage autrichien et sur la couronne impériale ; l'époux de Marie-Thérèse, François de Lorraine (désormais François Ier) fut élu empereur sans difficulté. En fait, en 1745, la couronne impériale passa à une nouvelle dynastie : les Habsbourg-Lorraine.

Ces événements eurent des conséquences considérables. L'Autriche avait perdu la Silésie et en fut durablement affaiblie, alors que la Prusse fut renforcée par l'annexion de cette province riche, économiquement très développée. D'autre part, avec la Silésie, la Monarchie autrichienne perdit des populations germaniques qui auraient pu être un facteur d'unité : par contre, les conquêtes opérées au détriment de l'Empire ottoman ne firent qu'accentuer le caractère composite de ce qui allait bientôt devenir l'Empire autrichien. Enfin, la perte de la Silésie constitua un facteur d'instabilité : l'historiographie allemande désigne les trois guerres entre la Prusse et l'Autriche (1740-42, 1744-45 et 1756-63) sous le nom de « guerres de Silésie » (*Schlesische Kriege*), terme qui suggère une monocausalité abusive (surtout pour la guerre de Sept Ans), sans être toutefois totalement dénué de pertinence. En tout cas, l'annexion de la Silésie suscita un climat de confrontation permanente entre l'Autriche et la Prusse. Et l'Autriche, à défaut de pouvoir récupérer cette province, fut amenée à chercher des compensations, en participant aux partages de la Pologne et en élaborant plusieurs plans d'annexion (par voie d'échange) de la Bavière.

L'élection de Charles VII avait suscité beaucoup d'espérances. Depuis la guerre de Succession d'Espagne, l'Empire craignait d'être impliqué par la politique dynastique et européenne des Habsbourg dans des conflits auxquels il s'estimait étranger. C'est l'une des raisons qui fit préférer Charles VII à l'époux de Marie-Thérèse, très impliqué dans la politique internationale, ne serait-ce que par son duché de Lorraine, auquel il avait dû renoncer en 1735, mais qu'il pouvait être tenté de reconquérir. Mais le règne de Charles VII montra à quel point les affaires de l'Empire étaient indissociables des enjeux majeurs de l'échiquier politique européen. Charles VII avait été soutenu par les États de l'Empire contre la Maison d'Autriche, mais il commit l'erreur de s'attaquer aux intérêts de ses partisans : toujours à court d'argent, il élabora un programme de médiatisations concernant des villes d'Empire et des principautés ecclésiastiques qu'il entendait rattacher à la Bavière. Enfin, les conditions extrêmement difficiles dans lesquelles se déroula le règne de Charles VII achevèrent de dévaloriser la dignité impériale.

En 1745, François de Lorraine fut élu empereur : la couronne du Saint-Empire revenait d'une certaine manière aux Habsbourg, mais l'épisode des années 1740-1745 marqua sans doute une rupture. La couronne impériale restait un élément de prestige, mais Vienne se désintéressa très largement des institutions impériales et du Saint-Empire. Dans la plupart des cas, les initiatives concernant ces domaines furent déterminées par les intérêts de l'Autriche. L'attitude de Joseph II est révélatrice de cette orientation. Ce prince « éclairé » avait reçu de son précepteur l'image peu flatteuse d'un Empire aux structures obsolètes et condamné à un effondrement rapide. Il est possible que son attitude désinvolte lors de son couronnement en 1764 ait reflété cette piètre opinion et certains aspects de sa politique peuvent s'expliquer par le jugement négatif porté par un prince des Lumières sur un Empire aux structures féodales[1]. Immédiatement après la mort de l'impératrice Marie-Thérèse, Joseph II voulut imposer une recomposition de la carte des diocèses dans les Pays héréditaires. Il s'agissait de faire coïncider les limites des diocèses avec celles des circonscriptions administratives et surtout d'empêcher des évêques ou des archevêques étrangers d'exercer une autorité en Autriche. Joseph II affirmait, sans doute sincèrement, vouloir améliorer la qualité de la pastorale, mais le redécoupage des diocèses (notamment de celui de Passau) lésait les intérêts matériels des évêques concernés. La mesure est instructive car elle manifeste la volonté de créer une Église nationale autrichienne, contrôlée par le pouvoir politique, et totalement distincte de l'Église de l'Empire. L'attitude de Joseph II témoigne aussi de l'incompréhension, assez largement partagée à l'époque, vis-à-vis des principautés ecclésiastiques et de la singulière confusion du religieux et du politique que représentait leur existence.

Un autre plan suscita une vive opposition : à partir de 1772, Joseph II commença à travailler à l'acquisition de la Bavière. Ce n'était pas la première fois que les Habsbourg envisageaient de mettre la main sur ce duché dont le territoire faisait écran entre leurs Pays héréditaires et l'Empire. L'extinction prévisible de la branche bavaroise des Wittelsbach semblait donner l'occasion de réaliser ce plan. Maximilien-Joseph décéda le 8 mars 1777 et un projet d'échange avec les Pays-Bas autrichiens fut élaboré avec son héritier, l'électeur palatin Charles Théodore. L'intervention de la Prusse empêcha la réalisation de ce projet (traité de Teschen en mai 1779). Une deuxième tentative échoua en 1784-85. Elle ne servit qu'à persuader de nombreux princes que Joseph II ne voyait plus dans les territoires de l'Empire qu'un objet d'échange en vue de l'accroissement de la puissance de la Monarchie autrichienne. Les inquiétudes dans l'Empire avaient été alimentées par le partage (partiel) de la Pologne en 1772 entre la Russie, la Prusse et l'Autriche : le cynisme avec lequel s'était fait le

---

1. J. Whaley, *op. cit.*, p. 299.

dépeçage de la Pologne suggérait que l'Autriche et la Prusse n'auraient pas plus de scrupules à se partager les territoires allemands.

B. La Prusse, nouvelle venue parmi les puissances européennes

La vie politique allemande de la deuxième moitié du XVIIIe siècle fut dominée par le dualisme austro-prussien. Plusieurs historiens ont fait observer que cette situation ne résultait pas d'une logique irréversible : on aurait pu imaginer, au lieu de cette bipolarité, une tripolarité, permettant à la Saxe ou au Hanovre de jouer un rôle plus important. Les souverains de ces deux territoires détenaient eux aussi (par le biais de la Pologne ou de l'Angleterre) des couronnes royales. D'ailleurs, au XVIe siècle, la Saxe semblait mieux armée que le Brandebourg pour devenir une importante puissance régionale, grâce notamment au rôle éminent qu'elle jouait dans le camp protestant.

Frédéric de Hohenzollern, burgrave de Nuremberg, reçut en 1415 l'investiture pour le margraviat de Brandebourg, auquel était attaché depuis 1346 la dignité électorale. L'essor du Brandebourg (initialement sans doute le plus démuni parmi les électorats) à partir du XVIIe siècle est dû essentiellement à trois facteurs : une série d'héritages heureux, la limitation de l'influence des assemblées d'états (*Landstände*) et le développement d'une armée permanente.

Ce sont les héritages qui permirent aux électeurs de Brandebourg, initialement seigneurs d'un territoire situé essentiellement entre l'Elbe et l'Oder, d'étendre leur domination vers l'Ouest (en Westphalie et en Rhénanie) et vers l'Est. Il faut surtout expliquer par quel mécanisme se fit l'union entre le Brandebourg et la Prusse, que rien ne liait initialement. La Prusse était une partie du territoire conquis par les chevaliers de l'Ordre teutonique (*Deutscher Orden*) sur les « Prussiens », population slave païenne, à partir de la première moitié du XIIIe siècle. Les conquêtes débouchèrent sur la constitution d'un important territoire ecclésiastique s'étendant de Danzig à l'Estonie actuelle ; ce territoire était gouverné par le grand-maître de l'Ordre teutonique. Rapidement, les chevaliers teutoniques entrèrent en conflit avec la Lituanie et la Pologne : ils furent battus à Tannenberg (1410). Le second traité de Thorn (1466) ne laissa à l'Ordre teutonique que le territoire situé entre la Vistule et le Niemen ; les chevaliers durent en outre accepter la suzeraineté de la Pologne. En 1525, le grand-maître de l'Ordre teutonique, Albrecht de Hohenzollern, se convertit au luthéranisme et sécularisa le territoire, qui devint ainsi le duché de Prusse, vassal de la Pologne ; ce duché passa par héritage (1618) à l'électeur de Brandebourg Jean-Sigismond. Le successeur de celui-ci, Frédéric-Guillaume Ier (dit le « Grand électeur »), posa les bases de la puissance prussienne : il accrut le territoire du Brandebourg, renforça sa puissance militaire et put jouer un rôle important sur la scène internationale, notamment par le biais d'une alliance avec Louis XIV, que les historiens nationalistes du XIXe siècle devaient vigoureusement condamner. En 1701, son fils obtint de Léopold Ier une couronne royale : mais celle-ci lui fut donnée pour la Prusse (libérée de la suzeraineté polonaise en 1660) qui n'appartenait pas au Saint-Empire, et non pour le Brandebourg. L'appellation « royaume de Prusse » finit par désigner l'ensemble des possessions du Hohenzollern de Berlin.

L'accession de l'électeur de Brandebourg à la couronne royale fut un événement à la fois révélateur d'une tendance et riche de conséquences. Frédéric Ier devint roi « en » Prusse, puis « de » Prusse, à peu près au moment où le duc de Hanovre obtint le neuvième électorat (1692) et l'électeur de Saxe devint roi de Pologne (1697). L'empereur Léopold Ier récompensait ainsi ses alliés, mais ce faisant, il renforçait le mouvement de désintégration de l'Empire. Les ambitions royales de l'électeur de Brandebourg avaient été renforcées par les expériences faites lors du congrès de paix de Ryswick en 1697 : un prince allemand, fût-il électeur, avait un poids négligeable au niveau international ; seul un titre royal pouvait lui permettre de traiter d'égal à égal avec les grandes puissances. Sans ce titre, la Prusse n'aurait pas pu tenir un rôle aussi important dans les relations internationales à partir du XVIIIe siècle ; d'autre part, c'est le prestige lié au titre royal qui lui permit de réunir autour d'elle un parti d'opposition à l'Autriche.

Le dualisme austro-prussien se mit en place à partir de 1740. Avant cette date, le roi de Prusse avait été régulièrement un allié des Habsbourg, notamment au cours de la guerre de Succession de Pologne (1733-1738). La conquête de la Silésie par Frédéric II créa une hostilité durable avec l'Autriche, mais la Prusse resta isolée en Allemagne jusqu'en 1756, date du « renversement des alliances » qui mit fin à l'alliance de la Prusse avec la France, désormais alliée aux Habsbourg. La France cessa de jouer le rôle qu'elle tenait depuis le XVIe siècle : celui d'allié potentiel de tous les opposants aux Habsbourg. La place abandonnée par la France fut promptement occupée par la Prusse, qui mena désormais une politique d'obstruction systématique vis-à-vis de la *Hofburg* et tenta de fédérer sous sa direction les princes allemands pour se constituer une clientèle. Les maladresses et les coups de force de Joseph II seront, pour Frédéric II, des alliés précieux.

Entre l'Autriche et la Prusse, la « tierce Allemagne » tentait d'assurer le *statu quo*. Après la paix de Teschen, des négociations visant à la constitution d'une ligue furent entreprises : des princes d'Allemagne moyenne comme François d'Anhalt-Dessau ou Charles-Auguste de Weimar (le protecteur de Goethe) voulaient se soustraire aux pressions exercées par la Prusse, le margrave de Bade, Charles-Frédéric, voulait se protéger contre l'expansionnisme autrichien dans les pays du Rhin supérieur et Charles-Auguste de Deux-Ponts (*Zweibrücken*), héritier présomptif de la Bavière, souhaitait créer une force d'équilibre entre l'Autriche et la Prusse. Des tentatives de mettre le duc de Hanovre (qui était aussi roi d'Angleterre) à la tête d'une alliance échouèrent, et ainsi disparut une intéressante possibilité de régénérer la constitution du Saint-Empire[1]. Frédéric II sut se glisser dans le rôle de défenseur de la « liberté allemande » et se plaça à la tête de la « Ligue des princes » (*Fürstenbund*) en 1785. Cette alliance, qui liait des princes protestants et catholiques (dont l'archevêque de Mayence), entamait la clientèle habituelle des Habsbourg et affaiblissait de ce fait sensiblement la position de l'empereur Joseph II. La création de la Ligue des Princes montre d'ailleurs comment l'action politique dans le Saint-Empire était mise au service des intérêts prussiens. En 1785, la Prusse n'était alliée à aucune puissance étrangère ; Frédéric II, qui savait que sa fin était proche, pensait que sa disparition provoquerait immédiatement une agression autrichienne visant à récupérer la Silésie. Pour la Prusse, la Ligue des princes n'était qu'un substitut à une alliance étrangère. D'ailleurs, lorsque Frédéric II réussit à renouer l'alliance avec l'Angleterre, il se détourna des princes allemands. Selon Heinz Duchhardt, la Ligue des princes est le produit caractéristique du dualisme austro-prussien, mais elle montre aussi l'erreur d'analyse commise par les princes allemands : ceux-ci voyaient dans la lutte que se livraient les deux puissances un péril majeur, alors que le dualisme avait aussi l'effet paradoxal de pérenniser la fragile constitution du Saint-Empire, finalement beaucoup plus directe-

---

1. K. O. von Aretin, *Das Alte Reich, op. cit.*, t. 3, p. 301-302.

ment menacée par l'alliance de la Prusse et de l'Autriche que par leur affrontement[1].

Les lignes que Frédéric II consacra au Saint-Empire dans son testament politique de 1768 sont, au moins autant que sa politique, révélatrices d'une indéniable lucidité, mais aussi du profond dédain dans lequel il tenait l'Empire et l'idée impériale. Il y est question du « Saint-Empire romain, qui n'est ni romain ni saint » ce qui témoigne à suffisance que pour Frédéric II, monarque éclairé, la tradition impériale n'était plus qu'un objet de sarcasme. L'Empire n'est à ses yeux qu'un « chaos de petits États, trop faibles pour agir par eux-mêmes et toujours englobés dans la masse de quelque grande alliance ». L'examen de la situation des princes-électeurs débouche sur des jugements sans appel, comme celui qui frappe l'électeur de Saxe, « rejeton de rois dont il n'a conservé que la fierté, [...] prévoyant à chaque guerre, quelque allié qu'il choisisse, la ruine de son pays ». Pour Frédéric II, seules deux puissances émergent dans l'Empire : la sienne et celle de l'Autriche. Et l'équilibre de ces deux puissances « maintient les privilèges, les possessions et la liberté de cette république de princes, qui a risqué plus d'une fois dans les temps passés d'être opprimée par les Empereurs ». Ces lignes pourraient faire apparaître Frédéric II comme un partisan du *statu quo*, mais d'autres déclarations suggèrent le contraire. Il conseille à son successeur, en cas de guerre contre l'Autriche, de s'emparer de la Bohême, « pour la troquer ensuite contre un électorat plus voisin de nos frontières », c'est-à-dire la Saxe. L'Empire est devenu un terrain de chasse où les plus puissants s'agrandiront au détriment des plus faibles ; les territoires deviennent objet de conquête ou de troc. Nous avons là les lignes directrices de la politique qui conduira à la fin du Saint-Empire, hâtée il est vrai par l'intervention de la France révolutionnaire.

C. La Révolution française et la fin du Saint-Empire

Frédéric II, toujours à propos du Saint-Empire, envisageait la possibilité que « cette république des princes [vienne] à se dissoudre et [compose] des gouvernements séparés ». Ce que le roi de Prusse ne pouvait prévoir, c'était la succession d'événements qui allait pousser l'Empire dans cette voie.

---

1. H. Duchhardt, *op. cit.*, p. 232-233.

Certes, les idées de la Révolution française rencontrèrent un certain écho en Allemagne, et ces idées auraient été de nature à hâter la fin du Saint-Empire. Mais ces idées ne jouèrent qu'un rôle très secondaire : c'est la politique de conquête menée par la France en Allemagne qui amena, par contre-coup, la disparition du Saint-Empire. Nous nous bornerons à rappeler les faits essentiels. Le 20 avril 1792, l'Assemblée Législative déclara la guerre à François II (nommé « roi de Bohême et de Hongrie » car l'élection impériale n'avait pas encore eu lieu). La Prusse, alliée à l'Autriche depuis le 7 février, entra également en guerre. Dans cette guerre, les deux puissances visaient essentiellement à étendre leur zone d'influence en Allemagne et à tirer des bénéfices territoriaux[1]. Le 23 mars 1793, l'Empire déclara également la guerre à la France. La supériorité des armées françaises devint rapidement évidente, si bien que la Prusse engagea des préliminaires de paix dès l'automne 1794. Le 5 avril 1795 fut signée la paix de Bâle entre la Prusse et la France : la Prusse abandonnait à la France la rive gauche du Rhin. Le dédommagement de la Prusse pour les pertes territoriales subies s'effectuerait sous la forme de sécularisations de principautés ecclésiastiques. L'exemple de la Prusse fut suivi dès 1796 par le Wurtemberg et le margraviat de Bade. L'Autriche continua seule la guerre aux côtés de l'Angleterre et de la Russie, avant de signer la paix à Campo-Formio 18 octobre 1797. La cession à la France de la rive gauche du Rhin était confirmée. L'Autriche devait céder les Pays-Bas, le Brisgau et la Lombardie, mais recevait des compensations en Vénétie, en Istrie et en Dalmatie. On peut considérer que les traités de Bâle et de Campo-Formio sont des étapes sur la voie menant au traité de Lunéville (9 février 1801). Ce dernier traité confirmait l'annexion par la France de la rive gauche du Rhin : depuis 1797, quatre départements y avaient déjà été créés et le système administratif et juridique français s'y appliquait. Le traité de Lunéville précisait par quel biais les princes allemands lésés par l'annexion de la Rhénanie devaient être dédommagés : l'article 7 indiquait que des médiatisations et des sécularisations seraient opérées. Aucune précision n'était apportée sur l'importance des dédommagements. On omettait de dire que c'étaient justement les princes ecclésiastiques qui avaient subi les pertes les plus importantes !

---

1. K. O. von Aretin, *Das Alte Reich, op. cit.*, t. 3, p. 477.

Conformément à un principe déjà énoncé à Bâle et à Campo-Formio, c'était à la Diète d'Empire qu'il appartenait de régler le problème des dédommagements. En juillet 1802, l'empereur François II décida de convoquer une commission réunissant certains États, la députation d'Empire (*Reichsdeputation*), à laquelle fut soumis un projet élaboré par Bonaparte et qui avait reçu l'assentiment du tsar. C'est sur la base de ce projet que fut élaboré un recès (*Reichsdeputationshauptschluß*), publié le 25 février 1803, confirmé par la Diète d'Empire et immédiatement ratifié par l'empereur.

Ce document, qui fut la dernière loi d'Empire, prononçait la sécularisation de toutes les principautés ecclésiastiques ; des exceptions étaient faites pour l'archevêque de Mayence, dont la principauté était transférée à Aschaffenburg et Ratisbonne, pour le grand-maître de l'Ordre teutonique et le prieur de l'Ordre de Malte. Quatre nouveaux électorats étaient créés : Salzbourg, Wurtemberg, Bade et Hesse-Kassel. Seules six villes échappèrent à la médiatisation, qui frappa par ailleurs 112 principautés laïques, 12 évêchés, et 44 abbayes. Pour les principautés qui avaient sauvé leur immédiateté, les « dédommagements » furent généreux : la Prusse reçut cinq fois, le Wurtemberg quatre fois et le margraviat de Bade sept fois plus qu'ils n'avaient perdu. Cela était aussi le résultat de démarches incessantes à Paris et d'une importante corruption dont bénéficia notamment Talleyrand.

Un pas décisif avait été accompli en direction de la destruction du Saint-Empire. La nouvelle constitution correspondait aux vues de Bonaparte : elle avait un caractère fédératif accentué et le renforcement de certains territoires de taille moyenne permettait de constituer un contrepoids à la Prusse et à l'Autriche. D'autre part, le caractère catholique du Saint-Empire avait été anéanti : il y avait parité au collège électoral (mais l'électeur de Saxe, catholique, avait dû déléguer sa voix à une commission composée de protestants) ; dans le collège des princes, la supériorité numérique des protestants était nette. Si on considère que l'empereur s'était traditionnellement appuyé sur les princes ecclésiastiques (nécessairement catholiques), on voit qu'il était désormais privé de soutiens : une action politique de l'empereur n'était plus guère envisageable. D'autre part, la possibilité de l'élection d'un protestant au trône impérial n'était désormais plus à exclure. Autant de raisons pour François II de se détourner définitivement de l'Empire.

La guerre reprit dès 1805 : plusieurs territoires agrandis par la grâce de Napoléon s'empressèrent de se ranger à ses côtés contre le Habsbourg. Après la défaite des Autrichiens et des Russes à Austerlitz (2 décembre 1805), la paix fut signée à Presbourg (26 décembre). Les clauses de cette paix représentaient un pas supplémentaire vers la dissolution de l'Empire : le Wurtemberg et la Bavière devinrent des royaumes et l'empereur « d'Allemagne et d'Autriche » renonçait à toute souveraineté ou suzeraineté sur eux, ainsi que sur l'électorat de Bade et sur les Cercles de Bavière, de Franconie et de Souabe. Des modifications territoriales furent opérées au profit des alliés de Napoléon. Et surtout, dans le texte du traité apparut une innovation significative : il n'y était plus question du Saint-Empire, ni même de l'Empire allemand, mais de la « confédération germanique ». Il y avait là l'aboutissement d'une stratégie sémantique utilisée par la France depuis Louis XIV et qui visait à légitimer l'action des forces centrifuges dans l'Empire. Désormais, cette appellation permettait de suggérer que des États indépendants étaient à la recherche d'une union nouvelle, sans toutefois savoir comment la constituer[1]. Une solution allait rapidement être imposée par Napoléon Ier qui constitua, le 12 juillet 1806, la Confédération du Rhin (*Rheinbund*), placée sous son protectorat. Cette Confédération réunit seize princes allemands. L'acte constitutif signé par les confédérés comportait des articles qui revenaient à une sécession pure et simple vis-à-vis de l'Empire (ou de ce qui en restait) : l'article I posait que les États des confédérés seraient « séparés à perpétuité du territoire de l'Empire Germanique » et l'article III formulait la renonciation à tous les titres « qui expriment des rapports quelconques avec l'Empire Germanique ».

La constitution de la Confédération du Rhin fut sans aucun doute l'élément majeur qui détermina François II à déposer la couronne impériale et à dissoudre l'Empire, mais une autre motivation doit être prise en compte : tout le monde s'attendait à voir Napoléon Ier, empereur des Français depuis le 2 décembre 1804, tenter de s'emparer de la couronne du Saint-Empire. Un premier pas dans cette direction semblait avoir été accompli le 26 mai 1805, lorsque Napoléon prit la couronne du royaume de Lombardie : on se rappelle qu'au Moyen-Âge, cette couronne avait été

---

1. Fred A. Schrader, *L'Allemagne avant l'État-nation. Le corps germanique 1648-1806*, Paris : PUF, 1998, p. 69.

en quelque sorte le préalable à l'accession à la dignité impériale. D'autre part, Napoléon avait fait parvenir à François II un ultimatum, lui enjoignant de déposer la couronne impériale avant le 10 août 1806 : François II accomplit cet acte quatre jours avant la date d'expiration de l'ultimatum. Il avait d'ailleurs préparé cette démarche dès 1804, en faisant de l'Autriche, de la Bohême et de la Hongrie un Empire héréditaire (appelé l'Empire d'Autriche) sur lequel il régnait sous le nom de François Ier.

L'abdication du chef du Saint-Empire ne posait guère de problèmes juridiques (il y avait le précédent de Charles Quint) ; par contre, il n'est pas certain que l'empereur possédait le droit de dissoudre l'Empire, et il y eut d'ailleurs des protestations émanant des rois d'Angleterre et de Suède, qui étaient princes d'Empire. Beaucoup d'Allemands apprirent la nouvelle avec indifférence, voire avec soulagement. L'histoire a retenu la remarque cruelle inscrite dans le *Journal* de Goethe : « Dispute entre le cocher et le valet, qui nous inspira davantage de passion que la décomposition de l'Empire romain ».

CONCLUSION

L'année 1806 constitue indéniablement une rupture dans l'histoire allemande, la fin d'un ordre qui avait constitué, pendant huit siècles et demi, le cadre de l'existence politique des Allemands. On ne manquera bien entendu pas de faire remarquer que, dans l'Europe du début du XIXe siècle, le Saint-Empire était un organisme à la constitution anachronique ; les guerres révolutionnaires apportèrent la preuve que cet organisme était incapable de remplir l'une des missions fondamentales de l'État : garantir la sécurité de ceux qui étaient placés sous son autorité. Et on pourra aussi mettre en évidence que la disparition du Saint-Empire permit d'engager dans les États allemands désormais souverains un processus de modernisation politique et administrative qui n'aurait pas été envisageable précédemment[1].

La disparition du Saint-Empire ne mit pas un terme à la force de l'idée impériale en Europe. En 1806 déjà, deux Empires pouvaient, d'une certaine manière, prétendre perpétuer la tradition qu'il incarnait. Depuis 1804 existait l'Empire français. Il y avait là une innovation politique, mais les réminiscences du Saint-Empire étaient nettement perceptibles. On note, lors du couronnement de Napoléon Ier, la présence d'un Grand Électeur (Joseph, le frère de l'empereur) et d'un archichancelier (Cambacérès). Et, bien entendu, le titre de « roi des Romains » institué pour le fils de l'empereur et de Marie-Louise de Habsbourg, n'est pas sans rappeler celui que portait l'héritier désigné de la couronne du Saint-Empire.

La tradition s'est également perpétuée en Autriche, portée notamment par la continuité dynastique qui permettait de voir en François-Joseph (1848-1916) le successeur de Charles Quint ou de Rodolphe Ier. L'emploi des mêmes insignes impériaux venait souligner la fidélité à une tradition vénérable.

Mais c'est à propos de l'Allemagne que la question de la tradition impériale a les implications les plus larges. Le Saint-Empire, disparu dans

---

1. K. O. von Aretin, *Das Alte Reich, op. cit.*, t. 3, p. 529.

une large indifférence, fit peu après l'objet d'une réhabilitation. En 1814, déjà, la restauration de l'Empire fut envisagée. Thomas Nipperdey a constaté un phénomène très intéressant : il a suffi que l'institution politique disparaisse pour que l'Empire, transposé dans le monde du rêve et du symbole, reprenne force et dynamisme[1]. L'évolution dans l'histoire des idées ne fut sans doute pas étrangère à cette redécouverte. Le Saint-Empire féodal s'accordait mal avec les idéaux des Lumières ; la prédilection pour l'époque médiévale que témoigna le Romantisme permit de juger différemment le Saint-Empire. Mais le XIXe siècle cultiva une idée largement falsifiée, sécularisée et nationalisée de l'Empire : l'historiographie prussophile s'intéressa au Saint-Empire et au Moyen-Âge comme à l'époque où l'Allemagne était la première puissance en Europe occidentale ; la catholicité de l'Empire fut totalement occultée[2].

Le souvenir du Saint-Empire hanta deux régimes politiques qui se référèrent à lui : il y eut un second, puis un troisième *Reich*. En 1871, l'unification allemande donna naissance à un Empire allemand sous domination prussienne. L'adoption d'une constitution impériale se heurta à des fortes résistances : les nationaux-libéraux se montrèrent hostiles à l'Empire, qu'ils jugeaient incompatible avec l'État national ; les tenants de la tradition prussienne jugeaient que l'Empire, lié au fédéralisme, contredisait l'essence de l'État prussien, militaire et centralisé. Mais la volonté de conférer à la nouvelle Allemagne un surcroît de dignité en la référant à sa grandeur ancienne l'emporta. On en vint même à réclamer, pour les Hohenzollern, l'héritage des Staufen. Et l'Empire permettait de donner une forme acceptable aux visées hégémoniques de la Prusse[3]. Un peu plus d'une décennie après la disparition de cet Empire, le monde assista à la naissance d'un « Troisième Reich ». La référence au Saint-Empire fut pour une large part un argument de propagande, avec pourtant une référence insistante au millénarisme qui fut, nous l'avons vu, un élément fondamental de l'idéologie impériale entre le Moyen-Âge et les Temps modernes.

---

1. Thomas Nipperdey, *Deutsche Geschichte 1800-1866. Bürgerwelt und starker Staat*, München : Beck, 1983, p. 14.
2. K. F. Werner, *op. cit.*, p. 334.
3. Roger Dufraisse, « L'empire allemand », in : Jean Tulard (Dir.), *Les empires occidentaux de Rome à Berlin*, Paris : PUF, 1997, p. 385-389.

Aujourd'hui encore, l'idée impériale reste un élément de l'identité historique des Allemands, au prix d'approximations parfois flagrantes. On pourra, à titre d'exemple, mentionner un ouvrage paru en 1971, et réédité peu après dans une collection de poche, donc destinée à une large diffusion. Dans *Les empereurs allemands de Charlemagne à Guillaume II*, Alfred Mühr propose une suite de biographies postulant la continuité, de l'an 800 à 1918, d'une institution impériale détenue par les Allemands. Ce que le souvenir de l'idée impériale est censé représenter pour les Allemands est dit dès la préface : « Les empereurs allemands restent vivants aujourd'hui, même si, en général, on ne se rappelle plus que quelques noms. Ils sont, pour les Allemands, un mythe incertain, mais aussi leur mythe le plus fort[1] ».

L'Empire peut être un mythe de puissance, mais d'autres approches l'ont appréhendé dans une perspective plus pacifique. Le rôle du Saint-Empire dans les relations internationales a été fréquemment souligné et la Diète de Ratisbonne a été considérée par des spécialistes modernes de l'histoire du droit comme un précédent à certaines institutions internationales au XXe siècle ; le fonctionnement de la Diète, institution essentiellement diplomatique, a favorisé la pratique du droit international[2]. Au XVIIIe siècle, notamment chez Mably et J.-J. Rousseau, le Saint-Empire était considéré comme le garant de la paix en Europe, si bien que Rousseau proposa d'en généraliser la constitution. Il faudrait enfin rappeler à quel point l'héritage du Saint-Empire reste sensible dans la forme politique de l'Allemagne d'aujourd'hui : on observe en effet dans l'espace allemand un dualisme permanent dans la structure du pouvoir, marquée par la polarité entre les particularismes et le pouvoir central. Cette polarité, qui induit des oppositions mais permet aussi la coopération, fut celle autrefois des duchés ethniques et de la royauté, puis de l'empereur et des États de l'Empire ; on la retrouve aujourd'hui dans les relations entre le pouvoir fédéral et les *Länder*[3]. Thomas Nipperdey fait débuter l'histoire du fédéralisme en Allemagne au Moyen-Âge. Le thème majeur de l'histoire de l'Allemagne n'a pas été, contrairement à la France ou à l'Angleterre, le débat sur la centralisation et la bureaucratisation, mais le débat entre le

---

1. Alfred Mühr, *Die deutschen Kaiser von Karl dem Großen bis Wilhelm II*, München : Heyne, 1978, p. 5.
2. K. F. Werner, *op. cit.*, p. 367.
3. R. Buchner, *op. cit.*, p. 67.

pouvoir central et les pouvoirs particuliers ; dès le Moyen-Âge, des notions ayant trait à l'organisation fédérative ont été à l'ordre du jour en Allemagne[1]. À l'heure où l'on s'interroge sur l'avenir politique de l'Europe en tant que fédération ou confédération, il faut rappeler l'exemple original que constitue le Saint-Empire et l'existence pendant près d'un millénaire, au cœur de l'Europe, d'une entité qui se voulait supranationale, et dont l'une des raisons d'être était la coexistence pacifique et l'harmonie des peuples.

---

1. Thomas Nipperdey, *Réflexions sur l'histoire allemande*, trad. par C. Orsoni, Paris : Gallimard, 1992.

BIBLIOGRAPHIE

1. Études générales

Angermeier, Hans, *Das alte Reich in der deutschen Geschichte. Studien zu Kontinuitäten und Zäsuren*, München : Oldenburg, 1991.

Bryce, James, *Le Saint Empire romain germanique et l'actuel Empire d'Allemagne*, trad. par E. Domergue, Paris : A. Colin, 1890.

Dufraisse, Roger, « Le Saint Empire romain germanique », in : Tulard, Jean (Dir.), *Les empires occidentaux de Rome à Berlin*, Paris : PUF, 1997, p. 247-326.

Noël, Jean-François, *Le Saint-Empire*, Paris : PUF, 2ᵉ édition, 1986.

Nonn, Ulrich, « Heiliges Römisches Reich Deutscher Nation. Zum Nationen-Begriff im 15. Jahrhundert », in : *Zeitschrift für historische Forschung*, n° 9, 1982, p. 129-142.

Rapp, Francis, *Le Saint Empire romain germanique d'Otton le Grand à Charles Quint*, Paris : Tallandier, 2000.

Schillinger, Jean, « Das Heilige Römische Reich Deutscher Nation 962-1806 », in : *Kultur-Mosaik*, Paris : Ellipses, 1997, p. 77-94.

Werner, Karl Ferdinand, « L'Empire carolingien et le Saint Empire », in : *Vom Frankenreich zur Entfaltung Deutschlands und Frankreichs*, Sigmaringen : Jan Thorbecke, 1984, p. 329-376.

2. L'idée impériale

Bosbach, Franz, *Monarchia Universalis. Ein politischer Leitbegriff der frühen Neuzeit*, Göttingen : V&R, 1988.

Dempf, Alois, *Sacrum Imperium. Geschichts- und Staatsphilosophie des Mittelalters und der politischen Renaissance*, Darmstadt : WBG, ⁴1973.

Diehl, Adolf, « Heiliges Römisches Reich Deutscher Nation », in : *Historische Zeitschrift*, n° 156, 1937, p. 457-484.

Folz, Robert, *L'idée d'Empire en Occident du Vᵉ au XIVᵉ siècle*, Paris : Aubier, 1953.

Le Souvenir et la Légende de Charlemagne dans l'Empire germanique médiéval, Paris : Les Belles Lettres, 1950.

Goez, Werner, *Translatio Imperii. Ein Beitrag zur Geschichte des Geschichtsdenkens und der politischen Theorie im Mittelalter und in der frühen Neuzeit*, Tübingen : Mohr, 1958.

Günter, Heinrich, « Die Reichsidee im Wandel der Zeiten », in : *Historisches Jahrbuch*, n° 53, 1933, p. 409-428.
Haran, Alexandre Y., *Le Lys et le Globe. Messianisme dynastique et rêve impérial en France aux XVIe et XVIIe siècles*, Seyssel : Champ Vallon, 2000.
Kampers, Franz, *Die deutsche Kaiseridee in Prophetie und Sage*, München : Lüneburg, 1896.
Rassow, Peter, *Die Kaiser-Idee Karls V. dargestellt an der Politik der Jahre 1528-1540*, Berlin : E. Ebering (Historische Studien, Heft 217), 1932.
Schramm, Percy Ernst, *Kaiser, Rom und Renovatio*, Darmstadt : WBG, [4]1984.
Yates Frances A., Astrée. *Le symbolisme impérial au XVIe siècle*, trad. par J.-Y. Pouilloux et A. Huraut, Paris : Belin, 1989.

3. Constitution et institutions

Angermeier, Heinz, *Die Reichsreform 1410-1555. Die Staatsproblematik in Deutschland zwischen Mittelalter und Gegenwart*, München : Beck, 1984.
Boldt, Hans, *Deutsche Verfassungsgeschichte*, t.1 (Von den Anfängen bis zum Ende des älteren deutschen Reiches 1806), München : dtv, [3]1994.
Duchhardt, Heinz, *Deutsche Verfassungsgeschichte 1495-1806*, Stuttgart-Berlin-Köln : W. Kohlhammer, 1991.
Fürnrohr, Walter, *Der immerwährende Reichstag zu Regensburg. Das Parlament des alten Reiches*, Regensburg-Kallmünz : Lassleben, [2]1987.
Oestreich, Gerhard, « Die verfassungspolitische Situation der Monarchie in Deutschland vom 16. bis 18. Jahrhundert », in : *Geist und Gestalt des frühmodernen Staates*, Berlin : Duncker & Humblot, 1969, p. 253-276.
Roeck, Bernd, *Reichssystem und Reichsherkommen. Die Diskussion über die Staatlichkeit des Reichs in der politischen Publizistik des 17. und 18. Jahrhunderts*, Wiesbaden-Stuttgart : Steiner,1984.
Schubert, Ernst, « Die Stellung der Kurfürsten in der spätmittelalterlichen Reichsverfassung », in : *Jahrbuch für westdeutsche Landesgeschichte*, n° 1, 1975, p. 97-128.
König und Reich. Studien zur spätmittelalterlichen deutschen Verfassungsgeschichte, Göttingen : V&R, 1979.
Schubert, Friedrich Hermann, *Die deutschen Reichstage in der Staatslehre der frühen Neuzeit*, Göttingen : V&R, 1966.
Stolleis, Michael (dir.), *Staatsdenker im 17. und 18. Jahrhundert. Reichspublizistik – Politik – Naturrecht*, Frankfurt am Main : Metzner, [2]1987.
Stolleis, Michael, *Geschichte des öffentlichen Rechts in Deutschland*, t. 1, München : Beck, 1988.
Wenkebach, Heinz, *Bestrebungen zur Erhaltung der Einheit des Heiligen Römischen Reiches in den Reichsschlüssen von 1663 bis 1806*, Aalen : Scientia Verlag, 1970.
Zeumer, Karl, *Die Goldene Bulle Kaiser Karls IV. Entstehung und Bedeutung*, Weimar : Böhlau, 1908 (rééd. 1972).

4. Période médiévale

Bloch, Marc, « L'Empire et l'idée d'Empire sous les Hohenstaufen », in : *Mélanges historiques*, Paris : SEVPEN, 1963, t. 1, p. 531-559.
Brühl, Carlrichard, *Naissance de deux peuples. « Français » et « Allemands ». IXe-XIe siècles*, trad. par G. Duchet-Suchaux, Paris : Fayard, 1994.
Ehlers, Joachim, *Die Entstehung des deutschen Reiches*, München : Oldenburg, 1994.
Folz, Robert, *La naissance du Saint-Empire*, Paris : A. Michel, 1967.
Fuhrmann, Horst, *Deutsche Geschichte im hohen Mittelalter*, Göttingen : V&R, ^{3}1993.
Kantorowicz, Ernst, *Kaiser Friedrich der Zweite*, Stuttgart : Klett-Cotta, 1991.
Leuschner, Joachim, *Deutschland im späten Mittelalter*, Göttingen : V&R, ^{2}1983.
Moraw, Peter, *Von offener Verfassung zu gestalteter Dichtung. Das Reich im späten Mittelalter 1250 bis 1490*, Berlin : Propyläen, 1985.
Pacaut, Marcel, *La théocratie. L'Église et le pouvoir au Moyen-Âge*, Paris : Aubier, 1957.
Rapp, Francis, *Les origines médiévales de l'Allemagne moderne. De Charles IV à Charles Quint (1346-1519)*, Paris : Aubier, 1989.
Töpfer, Bernhard, et Engel, Evamaria, *Vom Staufischen Imperium zum Hausmachtkönigtum. Deutsche Geschichte vom Wormser Konkordat bis zur Doppelwahl von 1314*, Weimar : Böhlau, 1976.

5. Période moderne

Aretin, Karl Otmar von, *Das Alte Reich 1648-1806*, 3 vol., Stuttgart : Klett-Cotta, 1997.
Das Reich. Friedensordnung und europäisches Gleichgewicht 1648-1806, Stuttgart : Klett-Cotta, 1992.
Heiliges Römisches Reich 1776 bis 1806. Reichsverfassung und Staatssouveränität, 2 vol., Wiesbaden : Steiner, 1967.
Kohler, Alfred, *Das Reich im Kampf um die Hegemonie in Europa 1521-1648*, München : Oldenburg, 1990.
Lutz, Heinrich, *Das Ringen um deutsche Einheit und kirchliche Erneuerung*, Berlin : Propyläen, 1983.
Schrader, Fred A., *L'Allemagne avant l'État-nation. Le corps germanique 1648-1806*, Paris : PUF, 1998.

6. Les Habsbourg et l'Empire

Bérenger, Jean, *Histoire de l'Empire des Habsbourg 1273-1918*, Paris : Fayard, 1990.
Brauneder, Wilhelm, et Höbelt, Lothar (dir.), *Sacrum Imperium. Das Reich und Österreich 996-1806*, Wien-München-Berlin : Amalthea, 1996.

Evans, R.J.W., *The Making of the Habsburg Monarchy 1550-1700. An Interpretation*, Oxford : Clarendon Press, 1979.

Matsche, Franz, *Die Kunst im Dienst der Staatsidee Kaiser Karls VI. Ikonographie, Ikonologie und Programmatik des « Kaiserstils »*, 2 vol., Berlin-New York : De Gruyter, 1981.

7. Le Saint-Empire et les puissances étrangères

Auerbach, Bertrand, *La France et le Saint Empire Romain Germanique depuis la paix de Westphalie jusqu'à la Révolution française*, Paris : Champion, 1912.

Duchhardt, Heinz, *Altes Reich und europäische Staatenwelt 1648-1806*, München : Oldenburg, 1990.

Lutz, Heinrich, Schubert, Friedrich Hermann et Weber, Hermann, *Frankreich und das Reich im 16. und 17. Jahrhundert*, Göttingen : V&R, 1968.

Oestreich, Gerhard, « Reichsverfassung und europäisches Staatensystem 1648-1789 », in : *Geist und Gestalt des frühmodernen Staates*, Berlin : Duncker & Humblot, 1969, p. 235-252.

Schulze, Winfried, *Reich und Türkengefahr im späten 16. Jahrhundert. Studien zu den politischen und gesellschaftlichen Auswirkungen einer äußeren Bedrohung*, München : Beck, 1978.

Zeller, Gaston, « Les rois de France candidats à l'Empire », in : *Aspects de la politique française sous l'Ancien Régime*, Paris : PUF, 1964, p. 12-89.

Dépôt légal décembre 2001